Inhalt

Autorin: Dorothea Hennig

Vorwort

Liebe Schülerin, lieber Schüler,

die vorliegende Interpretationshilfe befasst sich mit einem der großen Themen in der Geschichte der deutschen Lyrik – dem Verhältnis von Mensch und Natur vom 18. Jahrhundert bis zur Gegenwart. Man findet hier einen zusammenhängenden Überblick über die drei Jahrhunderte dieser Beziehung, ihre Kontinuitäten sowie ihre Veränderungen.

Die Gliederung der Kapitel, die auch unabhängig voneinander verständlich sind, folgt der Einteilung in literaturgeschichtliche Epochen. Dabei sind die einzelnen Kapitel stets in folgender Weise aufgebaut: Jede Epoche beginnt mit einer allgemeinen Einführung zu zeitgeschichtlichen oder kulturellen Aspekten, die für die Naturlyrik wichtig sind. Darauf folgt ein Hauptteil, in dem eines oder mehrere repräsentative Gedichte der Epoche beispielhaft interpretiert werden. Die Gedichte wurden nach ihrer Bedeutung für die Epoche sowie ihrer Thematik ausgewählt, die ein möglichst ausgewogenes Bild auf die naturlyrischen Besonderheiten des jeweiligen Zeitraums erlaubt. Die behandelten Autoren sind für ihre Zeit repräsentativ, doch versteht es sich von selbst, dass im begrenzten Rahmen dieser Auswahl nicht alle bedeutenden Dichter einer Epoche Berücksichtigung finden können. Alle Kapitel schließen mit einer kurzen, stichwortartigen Zusammenfassung der wichtigsten Aspekte. Für jedes Jahrhundert gibt es außerdem einen tabellarischen Überblick über Autoren, Themen und Formen in der Naturlyrik.

Erläuternde Schaubilder und Illustrationen aus der bildenden Kunst runden die Inhalte auf anschauliche Weise ab.

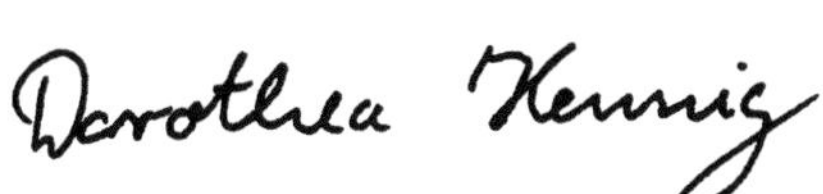

Dorothea Hennig

Einführung

Gerade in der heutigen Zeit, in der die Natur durch den Menschen in vielerlei Hinsicht bedroht ist, wir aber gleichzeitig wissen, dass die Gesundheit der Natur für unsere Zukunft unabdingbar ist, ist die Naturlyrik hochaktuell. Im Medium der Poesie wird die Vielfalt der gegenwärtigen und vergangenen Aspekte in der Beziehung von Mensch und Natur in einzigartiger Weise anschaulich. Dabei verdeutlicht die Entwicklung der Lyrik durch die Jahrhunderte, auf welch unterschiedliche Art sich dieses Thema entfalten kann.

In der ersten Hälfte des 18. Jahrhunderts steht das reflektierende, auf Erkenntnis bedachte, teils auch lehrhafte Naturgedicht, in dem die distanzierte Betrachtung der Naturwirklichkeit vorherrscht, im Mittelpunkt. Den Dichtern kommt es dabei auf Vernunfterkenntnis an. Natur bietet eine Art zweite Offenbarung neben der Religion und wird zum Lehrmeister oder zum Gegenbild der Kultur. In der zweiten Hälfte dieses Jahrhunderts entwickelt sich das emotionale und subjektive Gedicht, das als Inbegriff der Lyrik im allgemeinen Verständnis gilt. In ihm ist die Natur das Medium zur Darstellung persönlicher Befindlichkeit. Dabei zielt es auf die Einheit von Mensch und Natur ab.

Letztere übernimmt vielfältige Funktionen als Quelle von Lebenskraft, als Fluchtraum oder als Spiegel der Seele. Damit verbunden sind die Auffassung vom natürlichen Ursprung der poetischen Sprache und das Selbstverständnis von Lyrik als Sprache der Natur.

Im 19. Jahrhundert tritt das stimmungshafte Moment noch mehr in den Vordergrund. Die subjektive Aussprache erweitert sich, es entstehen Seelenlandschaften und in der Fantasie werden einfache Naturerfahrungen zu spiritueller Bedeutung überhöht. In der Vormärzzeit entsteht das kultur- und gesellschaftskritische Gedicht, in dem die Natur als Zeichen für eine freie und idyllische Gegenwelt zur ruhelosen Betriebsamkeit des bürgerlichen Erwerbslebens gesehen wird. Natur wird außerdem als Metapher für den politischen Aufbruch oder für Sozialkritik verwendet.

Auch im 20. Jahrhundert verbindet sich mit der lehrhaften, rationalen Form mitunter die Kritik an Politik, Gesellschaft und Naturzerstörung. So entsteht das Antinaturgedicht, das die Abbildung der bloßen Natur ablehnt und sich stattdessen eine autonome Kunstwelt schafft. Nach 1945 thematisiert das politische Gedicht die Verantwortungslosigkeit einer Flucht in die scheinbar heile Welt der Natur oder den Raubbau an der Natur durch technischen Fortschritt. Das moderne Gedicht der Gegenwart kennt alle naturlyrischen Traditionen und kann sie verwenden, zitieren oder sich negativ von ihnen abgrenzen. Ihm ist die positive Kraft der Natur, aber auch ihre idealisierende Verklärung angesichts historischer Katastrophen bewusst. Es thematisiert die Sehnsucht nach einer unzerstörten Natur, aber auch die Sorge um die Zukunft angesichts der wissenschaftlichen und technischen Beherrschung und Nutzbarmachung sämtlicher natürlicher Ressourcen. Es strebt unmittelbaren, subjektiven Ausdruck an, doch ist auch das moderne Missverhältnis von Subjektivität, Sprache und Wirklichkeit präsent.

Wo die Naturbeherrschung sehr weit fortgeschritten ist, da ist auch der Schmerz über Naturverlust und Entfremdung am größten. Die Lyrik gibt sich keinen Illusionen hin, aber sie zeigt uns auch, dass man die Natur um ihrer selbst willen achten kann. Damit leistet sie ihren Beitrag zum Naturschutz und ist heute zeitgemäßer denn je.

Naturlyrik im 18. Jahrhundert

1 Anfänge der Naturlyrik in der Aufklärung

> *„Das Brauchbarste in unserem Leben hat uns [. . .] niemand gelehrt. Bewahre Gott, dass der Mensch, dessen Lehrmeisterin die ganze Natur ist, ein Wachsklumpen werden soll, worin ein Professor sein erhabenes Bild abdruckt.“* [1]

Dies schrieb der Göttinger Professor für Physik und Naturwissenschaften Georg Christoph Lichtenberg (1742–1799), berühmt für satirische Prosa über die Aufklärung, in einem Aphorismus über die Erziehung, ein großes Thema des 18. Jahrhunderts. Lichtenberg kritisiert im abgedruckten Zitat die traditionell anerkannten Autoritäten, indem er der Zivilisation die Natur als höchsten erzieherischen Wert entgegenstellt. Diese These von der Natur als Erzieherin des Menschen vertrat Jean-Jacques Rousseau, der theoretische Wegbereiter der Französischen Revolution, schon um die Mitte des 18. Jahrhunderts.

Es ist das Jahrhundert der Aufklärung, wobei der Begriff nicht nur literaturgeschichtlich ist. Er bezeichnet vielmehr jene **europäische Bewegung im 18. Jahrhundert**, in der das Bürgertum nach umfassender sozialer, rechtlicher, politischer und weltanschaulicher Unabhängigkeit strebte. Vor diesem Hintergrund entwickelte sich ein fundamentales Interesse am Menschen und an der Natur.

Die Geschichte der deutschen Literatur fasst Aufklärung, Empfindsamkeit und Sturm und Drang als eine Einheit, in der die Aufklärung als übergreifende Epochenbezeichnung eine **epochale Grundschicht** bildet.

Das Emanzipationsstreben des Bürgertums bildete sich auch in der Literatur ab. Die Naturdichtung im Besonderen entstand auf der Basis einer neuen Beziehung von Mensch und Natur, bedingt durch die **empirischen Naturwissenschaften** und die endgültige Durchsetzung des **heliozentrischen, kopernikanischen Weltbilds**.

Aufklärung bedeutet wörtlich Klarheit und Helligkeit. Ihr Licht steht für die menschliche Vernunft, denn sie ist es, die zu den bahnbrechenden naturwissenschaftlichen Erkenntnissen geführt hat. Da die Naturgesetze der menschlichen Erfahrung und rationaler Erkenntnis zugänglich sind, werden **Natur- und Vernunftbegriff synonym** verwendet. Im Namen von Natur und Vernunft übte die Aufklärung Kritik an den traditionellen Autoritäten, insbesondere an der biblischen Offenbarung und an der Kirche.

Als der katholische Priester Angelus Silesius unter dem Titel *Der Cherubinische Wandersmann* im Jahre 1649 eine Sammlung von Sinnsprüchen veröffentlichte, verstand man die Natur allenfalls als Symbol einer allumfassenden göttlichen Ordnung.

> *„Wenn du denkst, Gott zu schaun, bild' dir nichts Sinnlichs ein:*
> *Das Schaun wird inner uns, nicht außerhalb uns sein."*[2]

Silesius sagt deutlich, dass man Gott in der äußeren Natur und der vergänglichen Welt der Sinne und des Körpers nicht erkennt. Demgegenüber wird in seinem Epigramm die innerliche Verbindung von Seele und Gott erstrebt, eine unio mystica, wie sie für die christliche Mystik der Barockzeit kennzeichnend war.

Keine 100 Jahre später sah man das genau umgekehrt:

> *„Sind uns die Sinnen hier im Leben,*
> *denn nur fürs Künftige gegeben?"*

so fragte der Pionier der deutschsprachigen Naturlyrik Barthold Heinrich Brockes in seiner zwischen 1720 und 1747 veröffentlichten Gedichtsammlung *Irdisches Vergnügen in Gott*. Des Weiteren heißt es bei ihm:

„O Mensch, betrachte Gottes Werke!
... Sieh einen Baum von unten bis zum Wipfel
Aufmercksam an; ...“[3]

Natur ist in ihrer äußeren Erscheinung nun der Betrachtung würdig. Sie ist das im **sinnlichen Anschauen** jedermann zugängliche, aufgeschlagene „**Buch**“ **der göttlichen Offenbarung**.

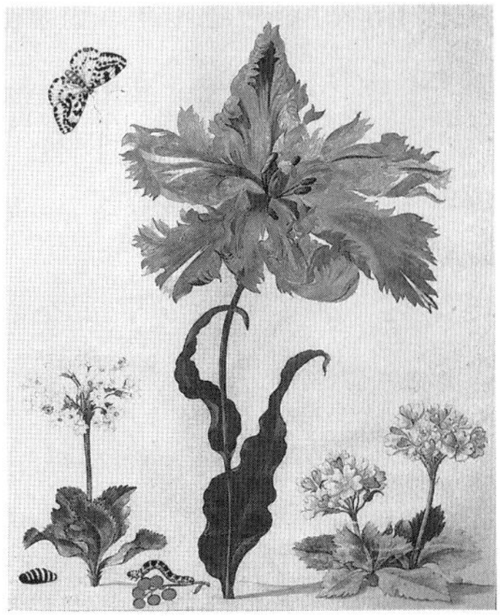
Papageientulpe der Naturforscherin Maria Sibylla Merian, die für ihre genaue Naturbeobachtung bekannt ist.

Mikroskop und Fernrohr waren die technischen Erfindungen der Aufklärungszeit, die den Zugang zur genauen Beobachtung von großer und kleiner Welt ermöglichten. Ein einzigartiges Interesse an einer mit den menschlichen Sinnen erfahrbaren Natur und ihrer Erforschung erfasste die Literatur und andere Künste.

Hatte die Wissenschaft die Natur unter dem Blickwinkel ihres Nutzens den rationalen Erkenntnissen unterworfen, so wurde sie nun in der Dichtung und Kunst zum Material eines **ästhetischen Interesses** und einer freieren Betrachtungsweise. Göttliche Schöpfung und natürliche Welt befinden sich dabei im Einklang.

Auf dem Boden dieser neuen und intensiven Beziehung von Mensch und Natur, in der Natur sich als Gegenstand eines ästhetischen Interesses aus dem Zusammenhang der mittelalterlich geprägten, göttlichen Ordnung allmählich herauslöste, etablierte sich die **Lyrik** überhaupt erst **als eigene Gattung** neben Epik und Drama. Sie nahm mit dem Naturthema von hier ihren Ausgang und wurde von nun an zum Ort einer schöpferischen Auseinandersetzung von Mensch und Natur.

Vernunftnatur und Gotteslob bei Brockes

Der protestantische Hamburger Senator Brockes verfasste in den Jahren 1720 bis 1747 neun Bände Naturlyrik und Gotteslob auf über 5 000 Seiten mit dem Titel *Irdisches Vergnügen in Gott*.

Dabei verweist schon der Titel auf das neue Verhältnis zwischen dem Menschen, der Natur und Gott. Dieses spiegelt sich auch im folgenden Beispielgedicht wider:

BARTHOLD HEINRICH BROCKES

Das Blümlein Vergißmeinnicht

An einem wallenden, kristallengleichen Bach,
der allgemach
Die glatte Flur durch tausend Blumen lenkte
Und schlanke Binsen, Klee und Gras
Mit silberreinen Tropfen tränkte,
Saß ich an einem kleinen Hügel,
Bewunderte bald in der blauen Flut
Des Luftsaphirs saphirnen Spiegel,
Bald den smaragdnen Rahm' des Grases, dessen Grün
Der güldne Sonnenstrahl beschien,
Und fand von Kräutern, Gras und Klee
In so viel tausend schönen Blättern
Aus dieses Weltbuchs ABC
So viel, so schön gemalt, so rein gezogne Lettern,
Daß ich, dadurch gerührt, den Inhalt dieser Schrift
Begierig wünschte zu verstehen.
Ich konnte es überhaupt auch alsbald sehn
Und, daß er von des großen Schöpfers Wesen
Ganz deutlich handelte, ganz deutlich lesen.[4]

Das Gedicht ist in der Form des **Madrigals** verfasst, die der bedeutende Literaturtheoretiker der Frühaufklärung Gottsched als „die Poesie der Faulen" bezeichnete, weil sie hinsichtlich Verslänge, Metrum und Reim völlig frei und **der Prosa ähnlich** ist. Diese Freiheit ist im „vers libre" gegeben. Auch der Satzbau passt mehr zur Prosa als zur Poesie. Die gesamte Strophe besteht aus nur zwei Sätzen, von denen der erste über 16 Verse reicht. Der Schluss bringt ein **Fazit** oder eine Pointe, ähnlich dem Epigramm, was zu dem **lehrhaften Charakter** dieser Dichtung passt.

Keineswegs jedoch war Brockes ein „fauler" Dichter, bedenkt man den außerordentlichen Umfang seines naturlyrischen Werkes, für das dieses Gedicht typisch ist. Doch ist das lyrische Sprechen stets nur Mittel zu einem didaktischen Zweck. Die Literatur der Aufklärung wollte **belehren und erbaulich sein**.

In diesem Gedicht äußert sich ein Sprecher wie ein epischer Erzähler zu einer Situation, die in der Vergangenheit liegt – die Zeitform ist das Präteritum – und aus der er bereits einige vernünftige Schlüsse gezogen hat, von denen auch die folgenden, nicht abgedruckten beiden Strophen des Gedichts handeln. Die **lyrische Situation** ist die eines sitzenden **Betrachters**, der das Gesehene im Rückblick genau beschreibt. Es geht dabei nicht um eine allegorische Bedeutung der Naturphänomene; stattdessen spricht ihre Schönheit für sich selbst. Sie ist nicht als eine Vorform des himmlischen Paradieses oder als Anlass gedacht, sich die irdische Vergänglichkeit zu vergegenwärtigen, wie es im Barockgedicht üblich war.

Brockes entwirft ein sehr farbenfrohes Gemälde, wobei das **Sehen** die vorherrschende Art der Sinneswahrnehmung ist (vgl. V. 17): **In der Natur wird gelesen** (vgl. V. 13 und 19) und ihre Farbenpracht wird ausgiebig bewundert (vgl. V. 7), die Natur malt sich gleichsam selbst ihr eigenes Bild (vgl. V. 14). Durch die genannten Edelsteine („Des Luftsaphirs saphirnen Spiegel", V. 8; den „smaragdnen Rahm' des Grases", V. 9) werden die Naturerscheinungen aufgewertet und ihre Anschaulichkeit wird erhöht. Auch die damals gut bekannte Symbolik der Edelsteine spielt eine Rolle: „Des Luftsaphirs saphirne[r] Spiegel" (V. 8) hebt das Himmelsblau hervor, der „smaragdne[...] Rahm' des Grases“ (V. 9) dessen fruchtbares Grün. Der Saphir gilt als Symbol des Himmels, der Smaragd steht wegen seiner grünen Farbe für Lebenskraft und Frühling. Brockes liebt die **Spiegelwirkung** des Lichts im Wasser – sie gibt den besten Anschauungsunterricht für die überall zu findende **„göttliche Spur“ in der Natur**.

Der Spiegel ist ein altes Symbol der Mystik, das im Mittelalter dazu diente, das Verhältnis von Gott und Menschenseele zu beschreiben. Brockes benutzt das alte **Symbol des Spiegels** erstmals ganz neu: In seinen Gedichten spiegelt sich in der Natur der Glanz Gottes. Der Mensch ist aufgefordert, genau hinzuschauen. Dabei eignet sich besonders das im Wasser reflektierte atmosphärische Licht als anschaulicher Beweis für die Offenbarung Gottes in der Natur.

Die zweite Hälfte dieser Strophe lebt ganz von der **Metapher** der Natur als eines **aufgeschlagenen Buchs göttlicher Offenbarung**. Dass der „Inhalt dieser Schrift“ (V. 15) von „des großen Schöpfers Wesen/Ganz deutlich handelte“ (V. 18 f.), das kann man „ganz deutlich lesen“ (V. 19). Die Natur ist des „Weltbuchs ABC“ (V. 13), was bedeutet, dass sie die elementare Grundlage unserer Weltanschauung bildet und dass sie auch zur grundlegenden Bildung gehört. Die „Blätter[...]“ (V. 12) sind doppeldeutig, zugleich Natur und Papier eines Buchs – die Metapher vom Buch der Natur wird hier besonders anschaulich, indem das Naturphänomen „Blatt“ wie eine aufklärerische Buchseite erscheint, während das Blatt in der Bedeutung als Seite eines Buchs den Betrachter direkt zur Natur hinführt. Tatsächlich handeln ja auch die vielen Bücher dieses Dichters ausschließlich von der Natur. Sein Anliegen ist es hier wie in seinem gesamten dichterischen Werk, aus der einzelnen Naturschönheit und ihrer Zweckmäßigkeit auf die **Vollkommenheit eines Weltmechanismus** zu schließen, hinter dem ein **göttlicher Baumeister** planvoll agiert. Diese Sicht entspricht weitgehend den philoso-

Das Buch der Natur

Aufgabe des Dichters: Dolmetscher des Buchs der Natur; Naturbeschreibung als säkularer Gottesdienst

phischen und naturwissenschaftlichen Erkenntnissen der Zeit. Wie die Wissenschaftler bei der Erforschung der Natur geht auch Brockes induktiv vor, indem er **aus der einzelnen Erscheinung**, die er meist sehr detailliert beschreibt, **auf die Existenz Gottes schließt**.

Das Bürgertum identifizierte sich mit dieser Weltanschauung, in der man sich von der Bibel und der Kirche verabschiedete, zugunsten einer Moral, die aus der Natur und dem Naturrecht abgeleitet war. Das Buch der Natur, das Brockes aufgeschlagen hatte, war nicht auf ein kirchliches Dogma angewiesen, sondern lehrte die **Offenbarung aus der jedem Menschen zugänglichen Natur**.

Die alte göttliche Weltordnung war durch die neuzeitliche Naturwissenschaft, durch Mathematiker und Astronomen wie Kepler und Galilei ungültig geworden. In der Dichtung verband sich nun der religiöse Glaube mit der neuen **Orientierung am Diesseits**, an der Welt der Sinne sowie der Natur und ermöglichte zugleich den Abschied von der fragwürdigen kirchlichen Tradition. In diesem Sinne könnte man Brockes Naturbetrachtung als eine **Art „sinnlichen Gottesdienst“** verstehen, einen Gottesdienst ohne Kirche und Pfarrer. Der rationale Dolmetscher des Buchs der Natur und der natürlichen Offenbarung ist jetzt der Dichter – und seine **Sinne**, allen voran das **Auge**, sind sein **Erkenntnisorgan**.

Der Gegensatz von Natur und Kultur in der Aufklärung

In der Naturlyrik des 18. Jahrhunderts spiegeln sich der Rationalismus der Aufklärung, die Empfindsamkeit sowie die Subjektivität und die dynamisch-kraftvoll verstandene Natur des Sturm und Drang am Ende des Jahrhunderts. Der allgemeinen Aufbruchsstimmung und dem Optimismus gemäß ist die bevorzugte Jahreszeit der Frühling, die Tageszeit der Morgen. Das dominierende Sinnesorgan zur Wahrnehmung der Natur ist das Auge und die Poetik lehnt sich in ihrem Selbstverständnis an die Malerei an.

Besonders das **„Lob des Landlebens“** ist ein beliebtes Thema in der Naturlyrik der frühen Aufklärung. Man knüpft hier an eine Tradition an, die schon in der römischen Antike bei Horaz und Vergil vorzufinden war und die im Zeitalter des Absolutismus wieder aufgegriffen wurde. Ein Beispiel für diese Dichtung ist das Gedicht *Die Landlust* des Hamburger Juristen und erfolgreichen Hobbydichters Friedrich von Hagedorn (1708–1754):

FRIEDRICH VON HAGEDORN

Die Landlust (ca. 1830)

Geschäfte, Zwang und Grillen,
Entweiht nicht diese Trift:
Ich finde hier im Stillen
Des Unmuths Gegengift.
Ihr Schwätzer, die ich meide,
Vergeßt mir nachzuziehn:
Verfehlt den Sitz der Freude,
Verfehlt der Felder Grün.

Es webet, wallt und spielet
Das Laub um jeden Strauch,
Und jede Staude fühlet
Des lauen Zephyrs Hauch.
Was mir vor Augen schwebet,
Gefällt und hüpft und singt;
Und alles, alles lebet
Und alles scheint verjüngt.

Zephyr: gr. Gottheit des Windes, auch Frühlingsbote

Ihr Thäler und ihr Höhen,
Die Lust und Sommer schmückt!
Euch, ungestört, zu sehen
Ist, was mein Herz erquickt.
Die Reizung freier Felder
Beschämt der Gärten Pracht,
Und in die offnen Wälder
Wird ohne Zwang gelacht. [...]

In jährlich neuen Schätzen
Zeigt sich des Landmanns Glück,
Und Freiheit und Ergötzen
Erheitern seinen Blick.
Verleumdung, Stolz und Sorgen,
Was Städte sklavisch macht,
Das schwärzt nicht seinen Morgen,
Das drückt nicht seine Nacht.

Nichts darf den Weisen binden,
Der alle Sinnen übt,
Die Anmuth zu empfinden,
Die Land und Feld umgibt.
Ihm prangt die fette Weide
Und die bethaute Flur:
Ihm grünet Lust und Freude,
Ihm malet die Natur. [5]

Der Gegensatz zwischen einer negativ bewerteten städtischen Kultur einerseits und dem ästhetischen Genuss der unberührten Natur auf dem Lande andererseits ist das Thema dieses Gedichts. In fast allen abgedruckten Strophen werden **Zivilisation in der Stadt** und **Natur** auf dem **Land** einander **antithetisch gegenübergestellt**. Nur die zweite und die letzte Strophe thematisieren allein die Freuden des Landlebens. Das lyrische Ich findet seine Erfüllung darin, dass es sich von der verachteten Geschäftswelt abgrenzt. Dies ist das beherrschende Thema der ersten Strophe sowie der zweiten Hälfte der vorletzten Strophe. Das Leben auf dem Land ist als „Sitz der Freude" (V. 7) positiv von der durch Sorgen, Unmut und Zwang gekennzeichneten sozialen Sphäre der Stadt unterschieden. Das lyrische Ich bezeichnet den **Aufenthalt in der freien Natur** gar als „[d]es Unmuths Gegengift" (V. 4). Er wirkt also **wie ein Medikament gegen Depressionen**. Der lyrische Sprecher legt dabei besonderen Wert darauf, dass er seinem Naturgenuss ungestört nachgehen kann, sodass er auf die Anwesenheit der städtischen oder höfischen Bekannten unbedingt verzichten möchte (V. 5–8).

In der zweiten Strophe erscheint die **Natur als der Inbegriff des Lebens** (vgl. V. 13/14). Das lyrische Ich geht ganz in dem sinnlichen Genuss der Gegenwart auf. Die bewusste Freude am gegenwärtigen Dasein, auch **Eudämonismus** genannt, ist die vorherrschende Empfindung, die durch die personifizierte Natur („Und jede Staude fühlet“, V. 11) ausgedrückt wird. Leben und Jugend gehören dabei eng zusammen (V. 15/16).

Die freie Natur wird der Pracht eines Gartens vorgezogen (Strophe 3). In den geometrisch angelegten Gärten im Stile des französischen Absolutismus wurde die Natur geschmackvoll zurechtgestutzt. Das neue Ideal ist die **freie**, **unbearbeitete Natur**, die nur „Lust und Sommer schmückt“ (V. 18). Die „offnen Wälder“ (V. 23) stehen hier für eine zwanglose Heiterkeit, die an keine gesellschaftlichen Grenzen stößt.

Die Erwähnung des Bauern, der sich an den Erzeugnissen seiner Arbeit freut (vgl. V. 25/26), deutet in idealisierender Weise auf **ländliche Autonomie und Autarkie** hin und grenzt diese vom abhängigen, sklavischen und von „Verleumdung, Stolz und Sorgen“ (V. 29) geprägten Dasein des Städters ab.

Die Schlussstrophe wirkt wie ein Resumée: **Alle Sinne** sollen am gegenwärtigen **Daseinsgenuss** beteiligt sein, was nur in **Freiheit und Ungebundenheit** möglich ist (vgl. V. 33 ff.). Die Sinne müssen in ihrer Empfänglichkeit für das Gegenwartsglück in freier Natur trainiert werden. Dazu soll man sich nicht nur räumlich, sondern auch innerlich von allen zivilisatorischen Belastungen entfernen (vgl. V. 33–36). Wem das gelingt, den erwartet der intensive, ästhetische Naturgenuss, der letzten Endes „Lust und Freude“ (V. 39) erzeugt.

Ästhetik im 18. Jahrhundert bedeutet die sinnliche Wahrnehmung des Schönen, die als empfindsamer Bestandteil des menschlichen Erkenntnisvermögens angesehen wurde. Diese empfindsame Wahrnehmung findet in der Natur ein geeignetes Feld, das auch den aufgeklärten Moralvorstellungen von einem tugendhaften, maßvollen Leben entgegenkommt. Diese Moralvorstellung äußert sich etwa in der Bevorzugung der unbearbeiteten Natur gegenüber dem repräsentativen Prunk der absolutistischen Gartenkunst. Oder auch in der heiteren Zufriedenheit wie sie dem glücklichen Landmann beim Betrachten seiner Felder zukommt. **Landleben und Landlust** fungieren hier als **dichterische Metaphern für ein bürgerliches Selbstverständnis**, in dem das ländliche Leben **als natürlicher und sozialer Freiraum idealisiert** wird. In diesem Sinne ist das Gedicht repräsentativ für die Naturlyrik der frühen Aufklärung.

Lob des Landlebens

Stadt/ Hof	Land
Zivilisation	Natur
domestizierte, kultivierte Natur (Barockgärten)	Wildheit
Sorgen, Zwang	Freude, Freiheit
Abhängigkeit des Städters	Autonomie des Bauern

Idealisierung der Natur in der Dichtung: Gegenraum, Inbegriff des Lebens

Friedrich Gottlieb Klopstock und die Empfindsamkeit

Einer der einflussreichsten Lyriker des 18. Jahrhunderts ist Klopstock, der die Strömung der Empfindsamkeit prägte wie kaum ein anderer. Sein großes Thema ist die Erfahrung und **Feier Gottes in der Natur**. Die Natur, von der seine Gedichte handeln, ist häufig erhaben und gewaltig wie z. B. eine Hochgebirgslandschaft oder ein Gewitter. Insgesamt weitet der Bereich der Naturlyrik sich im 18. Jahrhundert allmählich auf neue Räume aus, die zuvor als schrecklich oder furchteinflößend angesehen wurden. Der Ton von Klopstocks Dichtungen ist **überschwänglich** und von **religiösem Enthusiasmus** bestimmt. Deutlich wird dies in seiner Ode *Die Frühlingsfeier*, in der ein Gewitter als sichtbares göttliches Heilsgeschehen dargestellt wird:

FRIEDRICH GOTTLIEB KLOPSTOCK

Die Frühlingsfeier (1771, 15. Strophe)

Nun schweben sie, rauschen sie, wirbeln die Winde!
Wie beugt sich der Wald! wie hebt sich der Strom!
Sichtbar, wie du es Sterblichen sein kannst,
Ja, das bist du, sichtbar, Unendlicher![6]

Das Gedicht, aus dem die abgedruckte Strophe stammt, besteht aus 27 Strophen zu insgesamt 108 Versen und zählt zu Klopstocks berühmtesten Dichtungen. Die bereits in der Antike verwendete **Ode** war für den Dichter ein bevorzugtes Mittel des Ausdrucks, doch orientierte er sich dabei nicht ausschließlich an der Antike, sondern er variierte die überlieferten Formen eigenwilllig. Beispielsweise etablierte er die **freien Rhythmen** in der Lyrik, die sich aus dem ungehinderten Strömen des Gefühls ergaben. Auf Klopstock geht die Erneuerung der deutschen Dichtersprache des 18. Jahrhunderts zurück: Er erhob die **subjektive Ergriffenheit und das Erhabene** (Themen wie Freundschaft, kosmische Naturerfahrungen, Gottes Schöpfung) zum Ziel der Dichtung. Zudem scheute er nicht vor eigenwillligen **Wortneuschöpfungen** zurück und **dynamisierte die Sprache** durch bewegte Verben („rauschen", „beugen", „heben", „wirbeln"). Der Satzbau sollte sich nicht nach der logischen Wortfolge, sondern nach dem Ausdrucksverlangen richten („schweben sie, rauschen sie, wirbeln die Winde", V. 1; „Ja, das bist du, sichtbar, Unendlicher!", V. 4). Dabei prägt der Rhythmus der Verse den Zusammenhalt der Strophen stärker als der Endreim, den Klopstock kaum verwendet.

Wie Brockes geht es Klopstock um das Lob Gottes in der Natur, doch macht er aus dem didaktischen, rationalen Lehrgedicht einen **enthusiastischen Lobpreis**, aus der vergnügten Zufriedenheit des Naturbetrachters wird **Begeisterung** und das liebliche ländliche Naturbild der Lyrik der Frühaufklärung verwandelt sich in eine **gewaltige Landschaft**. Dem Dichter kommt dabei eine Art **prophetische Aufgabe** zu, denn er ist nicht mehr nur der rationale Dolmetscher des Buchs der Natur, sondern er führt in seiner Dichtung die Tiefe der religiösen Empfindung gleichsam beispielhaft vor. Ein solcher lyrischer Ton war neu um die Mitte des 18. Jahrhunderts.

Von literaturgeschichtlicher Bedeutung unter den Anhängern Klopstocks war der „**Göttinger Hain**“, ein Freundschaftsbund junger Dichter, der sich Jahre 1772 in freier Natur nahe Göttingen bildete und in seinen Intentionen dem Sturm und Drang nahestand.

Zentrale Merkmale der Naturlyrik der Aufklärung

Vernunftnatur und Gotteslob:

- genaue Beobachtung und Beschreibung der Natur, um Gott anschaulich erfahrbar zu machen
- Eigenwert der Natur als sinnlich erfahrbare Welt
- Manifestation der göttlichen Schöpfung in wohlgeordneter und zweckmäßiger Natur
- Auge als das zentrale Sinnesorgan und Instrument der Erkenntnis
- Bedeutungsgewinn des ästhetischen Vergnügens an der Natur
- Dichter als Dolmetscher der Natur: Gedichte zur Belehrung und Erbauung

Lob des Landlebens:

- Lob des Landlebens, um Überlegenheit des einfachen Lebens in der Natur gegenüber städtischer Zivilisation zu zeigen
- Natur als Freiraum und Leitbild für moralisch gutes Leben
- Natur als Bestandteil eines am Gegenwartsglück ausgerichteten Lebensideals

Empfindsamkeit:

- Entfaltung der subjektiven, menschlichen Empfindsamkeit in der schönen Natur
- Erweiterung der lyrischen Themen auf gewaltige und erhabene Naturräume bei Klopstock: subjektive Erfahrbarkeit Gottes in der Natur, dargestellt durch leidenschaftliche und emotionale Sprache

Formen:

- vielfältige lyrische Formen: Lehrgedicht, Madrigal, einfache Liedformen, Ode und Hymne mit freien Rhythmen

2 Lyrische Revolution im Sturm und Drang

„Wo Wirkung, Kraft, Tat, Gedanke, Empfindung ist, die von Menschen nicht gelernt und nicht gelehrt werden kann, da ist Genie! … Genie – propior Deus [eine eigene Art von Gott] … Nenn's Schöpfungskraft … Konzentrierung aller Naturkräfte, … Lebensfülle … Blitzeskraft!"[7]

Dies schrieb der Züricher Schriftsteller und Wegbereiter des Sturm und Drang Johann Kaspar Lavater im Jahr 1778. Man erkennt an seiner Äußerung, dass die von der Aufklärung begonnene Abkehr von Tradition, Gelehrsamkeit und Autorität hier auf die Spitze getrieben wird. Das mit dem **Geniegedanken** verbundene **Persönlichkeitsideal** ist ein **autonomer, schöpferischer Mensch**, der keine Regeln und keine Lehrbücher benötigt, um seine natürliche Individualität und Kreativität voll zu entfalten.

Die Geniezeit, wie der Sturm und Drang auch genannt wird, ist eine sehr kurze literarische Epoche, die ausschließlich von jungen Autoren getragen wurde. Sie umfasst etwa die Zeit von 1768 bis 1785 und bildet einen Übergang von der Aufklärung zur Klassik.

Goethe gehörte als Student in den 1770er-Jahren in Straßburg einem Kreis junger Dichter an, die sich als „Originalgenies" oder **„Stümer und Dränger"** bezeichneten. Zu ihnen gehörten neben Goethe auch J. G. Herder, H. L. Wagner und J. M. R. Lenz sowie außerhalb Straßburgs die Brüder Stolberg und M. Klinger. Sie wollten als Künstler frei von allen starren Regeln gelehrter Dichtkunst die Ursprünglichkeit ihrer Gefühle und Leidenschaften ausdrücken. Die Natur als etwas Ursprüngliches, Freies und Ungekünsteltes spielte dabei eine große Rolle. Die jungen Dichter erkannten in den Lebenskräften der **Natur ein Gleichnis für ihr eigenes dynamisch-kraftvolles Lebensgefühl**. In der

Lyrik fand ihr subjektives, persönliches Erleben seinen unmittelbaren Ausdruck.

Der junge Goethe ist in allen literarischen Gattungen der Hauptrepräsentant dieser Epoche. Mit der Natur setzte er sich ein Leben lang auseinander und brachte seine Naturanschauung überwiegend in Versform zum Ausdruck.

Goethe bezeichnete den Sturm und Drang rückblickend als eine „Revolution" in der Literatur. Man kann diese Revolution nicht aus einem einzigen Naturgedicht herauslesen, aber worin das Neue in Goethes Sturm-und-Drang-Dichtung bestand, das wird aus der folgenden Analyse des 1771 entstandenen Gedichts *Maifest* deutlich.

Gleichklang von lyrischem Ich und Natur bei Goethe

Das Gedicht entstand in Goethes Straßburger Studienjahren und ging aus der Begegnung mit der Pfarrerstochter Friederike Brion im nahegelegenen Sesenheim hervor; daher rührt die Bezeichnung „**Sesenheimer Lyrik**" für Goethes Dichtung aus dieser Zeit. Es liegt dem folgenden Gedicht also ein **persönliches Liebeserlebnis** zugrunde.

JOHANN WOLFGANG GOETHE
Maifest (1771)

Wie herrlich leuchtet
Mir die Natur!
Wie glänzt die Sonne!
Wie lacht die Flur!

Es dringen Blüten
Aus jedem Zweig
Und tausend Stimmen
Aus dem Gesträuch

Und Freud und Wonne
Aus jeder Brust.
O Erd, O Sonne
O Glück, O Lust,

O Lieb, O Liebe
So golden schön
Wie Morgenwolken
Auf jenen Höhn,

Du segnest herrlich
Das frische Feld
Im Blütendampfe
Die volle Welt!

O Mädchen, Mädchen
Wie lieb ich dich!
Wie blinkt dein Auge,
Wie liebst du mich!

So liebt die Lerche
Gesang und Luft
Und Morgenblumen
Den Himmelsduft,

Wie ich dich liebe
Mit warmem Blut,
Die du mir Jugend
Und Freud und Mut

Zu neuen Liedern
Und Tänzen gibst.
Sei ewig glücklich
Wie du mich liebst.[8]

In den *Sesenheimer Liedern*, zu denen das *Maifest* gehört, verarbeitete der junge Goethe seine Liebe zu Friederike Brion.

Der **Frühling** und als dessen Höhepunkt der Monat Mai ist Ausgangspunkt für eine positive Grundstimmung, für **Freude und Glück**. Die Natur wird hier nicht im Detail beschrieben, sondern

Goethes Sturm-und-Drang-Lyrik

Sesenheimer Lyrik

Naturlyrik
Mensch mit seinen Empfindungen im Mittelpunkt der Natur

Liebeslyrik
ausgelöst durch persönliches Liebeserlebnis (Friederike Brion)

Erlebnislyrik
scheinbar unmittelbare Wiedergabe eines subjektiven Gefühlszustands

→ neuer lyrischer Ton: Gefühlsüberschwang, Freude
→ rhetorische Ebene: Dominanz von Ausrufen, Ellipsen, Metaphern, Neologismen

einige wenige Elemente wie Blüten, Vogelstimmen und die traditionell bekannte personifizierende Metaphorik (z. B. die der lachenden Flur, vgl. V. 4) werden aufgeführt.

Von der zweiten Strophe an führt eine lückenlose Kette von der Flora („Blüten") über die Fauna („Stimmen") und den Menschen („Brust") bis hin zu den „Morgenwolken/Auf jenen Höhn" (V. 13 f.). Verbunden wird diese Aufzählung durch ein einziges Verb, „dringen" (V. 5), das die zweite und dritte Strophe über die Strophengrenzen hinweg zu einem Satz zusammenschließt. Es verbindet aber auch das Wachstum der Natur und die erwachende Fauna mit der Empfindung von „Freud und Wonne" (V. 9), an der Mensch und Natur gleichermaßen teilhaben, denn sie dringt aus „jeder Brust" (V. 10). Schon an dieser Stelle zeigt sich explizit die **Verbindung der Natur mit den Empfindungen des Menschen** wie sie für die Epoche des Sturm und Drang und das Goethe-Gedicht charakteristisch ist.

Exakt in der Mittelstrophe des Gedichts schließt sich der Gedanke eines „Segens" unmittelbar an. Ein **unbestimmtes göttliches Wirken** ist somit in Goethes Frühlingsnatur durchaus zu erkennen.

Auf einen solchen Assoziationsbereich spielt Goethe schon in der ersten Strophe bewusst an, wenn er die Natur „herrlich leuchten“ und die „Sonne glänzen“ lässt. Die Herrlichkeit Gottes, sein Leuchten und Glänzen sind im 18. Jahrhundert selbstverständliche biblische Metaphern zur Darstellung einer göttlichen Gnadenwirkung auf die menschliche Seele. Wo vorher Gott explizit als Schöpfer erwähnt wurde, **leuchtet** bei Goethe nun die **Natur aus sich selbst heraus**, ohne dass die Quelle ihres herrlichen Leuchtens lokalisierbar wäre. Stattdessen erhält das lyrische Ich, dem das Leuchten gilt, hier gleich zu Beginn eine zentrale Position in dieser kraftvollen Frühlingsfeier, die durch die Betonung des Pronomens „mir“ gegen den Akzent des Verses, d. h. gegen das vorherrschende Metrum des Jambus, noch verstärkt wird. Aus göttlicher Gnadenwirkung ist ein **ästhetischer Naturgenuss** geworden, in dessen **Mittelpunkt** nun ein **menschliches Individuum** steht.

Die beschriebene drangvolle Bewegung endet nicht auf dem Gipfel der Wolken am Himmel. Vielmehr wird ein Bogen geschlagen, der von dort kontinuierlich wieder zurück zu allen Naturwesen führt: Das Mädchen, das für den Menschen steht, sowie Lerche und Blumen repräsentieren die anfängliche Kette in umgekehrter Reihenfolge. **Alle Naturwesen** haben somit **Anteil an der Liebe:** Die menschlich-individuelle Liebe des lyrischen Ichs zu dem Mädchen gehört zu der kosmischen Liebe, die alle Naturwesen umfasst. Das zeigt der Parallelismus der Anrufungen von Liebe und Mädchen („O Lieb, O Liebe“, V. 13; „O Mädchen, Mädchen“, V. 21) wie auch die Verknüpfung des Glanzes der Sonne mit dem Augenlicht des Mädchens („Wie glänzt die Sonne“, V. 3; „Wie blinkt dein Auge“, V. 23). Das der Natur innewohnende **Prinzip der Liebe**, welches auch das Mädchen verkörpert, trägt zu dem Enthusiasmus bei, der schon im ungerichteten Drang der Frühlingsnatur zu erkennen ist. Dies ist ein typisches Kennzeichen der im Sturm und Drang vorherrschenden **Erlebnislyrik**, bei der sich der Dichter der **Natur als Mittel zur Darstellung eines Gefühlszustands** bedient.

Das im christlichen Verständnis Gott allein vorbehaltene Prinzip des Schöpferischen kommt bei Goethe der Natur selbst zu, denn das natürliche Wachstum und als dessen Krönung die Liebe ist ein der Natur selbst innewohnendes dynamisches Prinzip. Dies zeigt z. B. der Ausruf „O Erd, O Sonne/O Glück, O Lust" (V. 11 f.). Er klingt wie ein Resumée, in dem alles zusammengefasst ist: Natur, Gott, Mensch und Liebe. Die **Natur** ist nicht statisch, sondern eine **dynamische Kraft**, die selbst etwas hervorbringt, sie ist somit ihrem Wesen nach **selbst schöpferisch**. **Gott ist eins mit der Natur**, so lautet die Kurzformel der pantheistischen Philosophie, die vom holländischen Philosophen Spinoza entwickelt und vom jungen Goethe aufgegriffen wurde. Wenn die Natur (und mit ihr das Naturwesen Mensch) aber selbst schöpferisch ist, so kommen Natur und Mensch auch alle bisher ausschließlich Gott zugeschriebenen Attribute zu. Exakt diese Auffassung ist charakteristisch für die frühe Naturlyrik Goethes im Sturm und Drang und sie enthält auch den Kern zu dem für die Epoche charakteristischen Geniegedanken.

Was das für den Menschen und sein dichterisches Schaffen heißt, zeigen besonders die beiden Schlussstrophen, die durch ein Enjambement miteinander verbunden sind: Sie gelten nicht wie bisher üblich der Beziehung von Gott und Mensch, sondern dem Thema der **Geschlechterliebe**. Diese Liebe als zwischenmenschliches Geschehen wird einbezogen in den gesamten Kreislauf der Natur. Das Mädchen gibt dem lyrischen Ich die Empfindung von „Freud und Mut/Zu neuen Liedern/Und Tänzen" (V. 32 ff.). Es verkörpert das der Natur immanente Prinzip der Erneuerung und des Schöpferischen, das bisher dem Göttlichen vorbehalten war. Parallel zum kreativen Wachstumsprozess der jungen Frühlingsnatur wird der **Dichter durch die Liebe zu „neuen Liedern"** (V. 33) **inspiriert**.

Johann Wolfgang von Goethe: Maifest

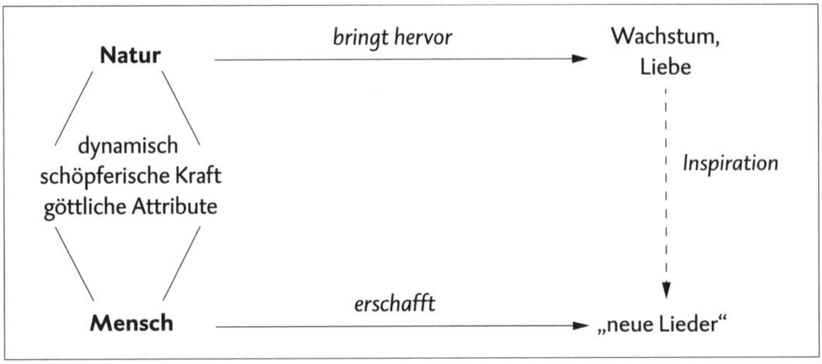

Die dichterische Neuschöpfung im vorliegenden Gedicht besteht beispielsweise aus den ungewöhnlichen Komposita wie „Blütendampf[...]“ (V. 19), „Morgenwolken“ (V. 15) und „Himmelsduft“ (V. 28). Mit diesen entfernt sich Goethe von einer rein abbildenden Naturbeschreibung. Er **dynamisiert die Natur** durch eine **metaphernreiche Sprache** und präsentiert sie gemäß seiner höchst **subjektiven Wahrnehmung**.

Der für die Epoche bedeutende Geniegedanke steht nicht im thematischen Zentrum dieses Gedichts, sondern prägt sich erst nach Goethes Sesenheimer Zeit deutlich aus. Aber er lässt sich auch im *Maifest* schon erkennen: Der Mensch wird hier als ein **selbstbewusstes schöpferisches Individuum** gezeigt, das sich als Naturwesen begreift und dem im Einklang mit der Natur **göttliche Attribute** zukommen. Das Originalgenie, dessen Wesen eben darin besteht, an Gottes Stelle schöpferisch zu sein, ist damit ein „propior deus“, eine eigene Art von Gott.

Gemäß Johann Gottfried Herder, Goethes Freund und einflussreichem Wegbereiter des Geniegedankens, wirft das Genie alle kunstvollen Verstandesregeln über Bord und schafft in Nachahmung der Natur frei und intuitiv aus seinem **spontanen und individuellen Empfinden** heraus. An diesem Formideal orientierte sich auch Goethe bei der Abfassung seines *Maifests*.

So zeigt dieses Gedicht nicht nur ein grundlegend anderes und für die damalige Zeit ganz **neues Verständnis einer vollkommen harmonischen Mensch-Natur-Beziehung**, sondern auch einen **neuen lyrischen Ton**, der ganz von der subjektiven Empfindung geprägt ist und sich auch bei anderen Dichtern des Sturm und Drang finden lässt. Der Darstellung liegt ein ganz persönliches Erlebnis zugrunde, das aber durch die kreative Ausgestaltung im Gedicht zu allgemeiner Bedeutung gelangt.

Zentrale Merkmale der Naturlyrik des Sturm und Drang

Verhältnis Mensch – Natur

- Herauslösung der Naturanschauung aus religiösen Bezügen: Gott ist identisch mit der Natur (Pantheismus)
- Mensch und Natur durchdringen einander und bilden eine Einheit
- Natur als Lebensgrundlage, Ort der Stärkung und Zuflucht
- Verlagerung des Interesses von den äußeren Erscheinungen der Natur auf ihr inneres, dynamisches Lebensprinzip, das die menschlichen Empfindungen widerspiegelt

Natur und Genie

- Natur repräsentiert Individualität und schöpferisches Leben
- neues Verständnis von Mensch und Natur als Basis des Geniegedankens: Mensch ist frei von äußeren Regeln intuitiv schöpferisch tätig
- lebendige Natur als Inspirationsquelle des Künstlers
- Natur als Spiegel subjektiver Empfindungen (Erlebnislyrik)

Formales

- Sprache als Ausdruck des Herzens: unmittelbare und oft schlicht-volkstümliche Sprache
- Etablierung einer neuen lyrischen Sprache als Ausdruck des Originalgenies: Neologismen, hymnenartige Gedichte
- Formen: Lied, Hymne, Ode

3 Weimarer Klassik – Harmonie von Natur und Form

„Wirke Gutes, du nährst der Menschheit göttliche Pflanze,
Bilde Schönes, du streust Keime der göttlichen aus.“[9]

Dieser Sinnspruch erschien 1797 in einer von Goethe und Schiller verfassten Sammlung von **Epigrammen**. Es handelt sich dabei um **Gedanken- und Weltanschauungslyrik**, der man einiges Grundlegende über die Weimarer Klassik entnehmen kann.

Diese Epoche erstreckt sich in Deutschland von Goethes erster Italienreise 1786, die besonders dem Studium der griechischen und römischen Antike galt, bis zu Schillers Tod 1805. Im engeren Sinn zählt nur das **Werk Schillers und Goethes** zur Klassik. In einem weiteren Verständnis werden Wieland, Goethe, Herder und Schiller, die gleichzeitig in Weimar wirkten, als literarische Repräsentanten dieser Epoche angesehen.

Die **Verbindung von Antike**, **Naturwissenschaft und Kunst** gehört zu den tragenden Elementen der deutschen Klassik, in der die **Ideale des Guten**, **Wahren und Schönen** galten. Das oben zitierte Epigramm ist dafür ein anschauliches Beispiel: Diese zweizeilige Versform entstammt der griechischen Antike. Sie bringt in knapper Form reimlos einen pointierten Gedanken zum Ausdruck. Hinter dem Bemühen um das Gute und Schöne steckt die Vorstellung von körperlicher und geistiger Idealität, die schon Platon propagierte. In der Klassik verbindet sich mit dem Begriff des Guten eine einwandfreie Moralität, während mit dem Schönen die Kunst gemeint ist, die wiederum zur **Veredelung des Menschen** beitragen soll.

Der Naturforscher Goethe war der Ansicht, dass die inneren **Gesetzmäßigkeiten pflanzlichen Lebens sich auf das menschliche Leben übertragen** ließen. So konnten Bilder aus dem Bereich der natürlichen Vegetation (wie Nahrung, Wachstum, Ursprung und Zeugung) symbolisch für menschliche, geistige Vorgänge verwendet werden. Die „göttliche Pflanze“ (V. 1) symbolisiert hier absolute Vollkommenheit und Idealität. Der erste Vers stellt also dar, dass moralisch gute Handlungen die Menschheit ihrer Vervollkommnung näherbringen.

Die Kunst als das Schöne steht dabei im Rang noch höher als das Gute: Vers 2 schreibt dem Kunstwerk einen Anteil am Göttlichen zu, das durch die schöne Gestaltung in die Welt gebracht würde. Hier zeigt sich also die optimistische Hoffnung dieser Epoche, den **Menschen durch die Kunst veredeln** zu können.

Schiller schrieb 1793 eine Abhandlung **„Über die Ästhetische Erziehung des Menschen“**, in der es um die Bildung und **Erziehung der ganzen Menschheit zum Ideal der Humanität** geht. Die menschliche Bildung durch Wissenschaft ist ein zentrales Anliegen der Klassik. Dabei spielt die Ästhetik (und mit ihr die Kunst) eine entscheidende Rolle. Denn wie es in diesem Epigramm heißt, vermag erst die Kunst „Keime der göttlichen [Pflanze]“ (V. 2) auszustreuen. Nach dem Ideal der Klassik kommt es durch die Beschäftigung mit der autonomen Kunst zur vollen Entfaltung aller moralischen, intellektuellen und kreativen Möglichkeiten. Die **ästhetische Selbstbildung des Einzelnen** führt dann zu einer **Verbesserung der gesellschaftlichen Zustände**.

Der Idealismus

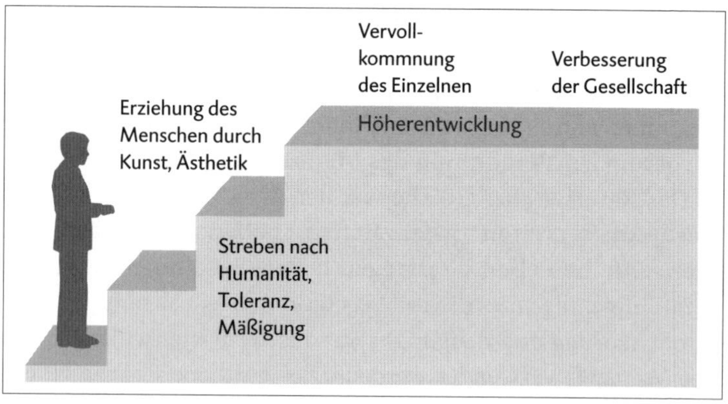

Es gehört zum Kunstideal der Klassik, dass sich beide, **Natur und gestaltete Form**, in einem Verhältnis der **Harmonie** zueinander befinden, ganz so wie man es in der Kunst der griechischen Antike verwirklicht sah. Man bezeichnet eine solche Denkweise, die an die ästhetische Erziehung des Menschen zum Guten glaubt, als **Idealismus**.

Natur und Ideal

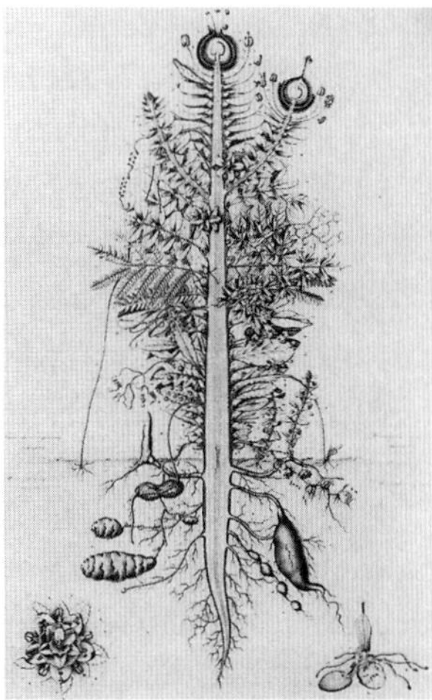

Darstellung von Goethes Urpflanze, die laut seiner botanischen Studien die Blütenpflanze schlechthin verkörpert, aus der alle anderen Pflanzen hervorgegangen sein sollen.

Schiller und Goethe verfassten gemeinsam eine Reihe von Epigrammen, **Xenien** (Gastgeschenke) genannt, in denen sie sich polemisch mit ihren literarischen Kritikern auseinandersetzten. Die Xenien erschienen in Schillers *Musenalmanach auf das Jahr 1797* und waren überwiegend in den antiken Versmaßen Hexameter und Pentameter verfasst. Deren Form ist einerseits recht streng, erlaubt andererseits aber viele inhaltliche Gestaltungsmöglichkeiten. Diese Mischung aus Gesetz und Freiheit, Grundprinzip und Mannigfaltigkeit entsprach Goethes klassischer Naturauffassung, weshalb er diese Versform auch für seine großen Lehrgedichte benutzte. An den folgenden **Lehrgedichten**, die philosophische Erkenntnisse vermitteln wollten, lässt sich erkennen, welche Rolle die Natur in der klassischen Ästhetik spielte.

Das Höchste

Suchst du das Höchste, das Größte? Die Pflanze kann es dich lehren:
Was sie willenlos ist, sei du es wollend, das ist's.[10]

In dem Epigramm *Das Höchste* ist die **Natur der Lehrer des Menschen, der das Ideale sucht**. Der Mensch beobachtet die Natur und erkennt, inwiefern in ihm dieselben Gesetze wirksam sind wie im natürlichen Leben einer Pflanze. Dadurch erlangt er Kenntnis über seine eigene Natur. Die Möglichkeit bewusster Willensentscheidung unterscheidet ihn von der Pflanze und ist zugleich die Basis seiner individuellen Freiheit und Vervollkommnung.

Natur und Vernunft

Wärt ihr, Schwärmer, imstande, die Ideale zu fassen,
O, so verehrtet ihr auch, wie sich's gebührt die Natur.
Wärt ihr, Philister, im Stand die Natur im Großen zu sehen,
Sicher führte sie selbst euch zu Ideen empor.[11]

Natur und Vernunft sind die Schlüsselbegriffe des Jahrhunderts. Die zitierten Verse entstammen mutmaßlich der Feder Schillers.[12] Das Reich der Natur muss über die Vernunft vermittelt werden, um die Menschheit zur wahren Idealität zu führen.

Für Schiller leistet diese Aufgabe die Kunst, die das Reich der Schönheit und der Empfindungen verkörpert. Die **Poesie** hat demgemäß einen sehr hohen Rang, denn sie hat nach Schiller die **Aufgabe**, **den Weg zur Wahrheit und Menschlichkeit**, zu den höchsten Idealen zu ebnen.

Natur und Kultur

Schiller hat seine Auffassung von einer geschichtlichen Höherentwicklung der Menschheit in der Elegie *Der Spaziergang* dargelegt, die im Jahre 1800 veröffentlicht wurde. Sie besteht aus 108 reimlosen Distichen, Zweizeilern im Wechsel von Hexametern und Pentametern.

Das Gedicht steht in der literarischen Tradition der Landschaftsdichtungen des 18. Jahrhunderts. Schiller entwirft aus der Bewegung des Spaziergängers, der die rhythmische und metrische Bewegung des Gedichts entspricht, einen **geschichtsphilosophischen Gang durch die kulturelle Entwicklung der Menschheit**. Dieser Weg führt vom Naturzustand in die Freiheit. Der Städter hat dem in der ländlichen Natur lebenden Menschen die größere Unabhängigkeit voraus, um den Preis der Loslösung von einem Naturzustand, in den er nicht mehr zurückkehren kann. Exakt um die Jahrhundertwende gestaltete Schiller hier die Problematik, die das Verhältnis von Mensch und Natur in der Moderne auch künftig bestimmte: Der Hauptgedanke dieses langen Gedichts ist, dass die gesamte **kulturelle Höherentwicklung** die Menschheit zwar zu einer **immer größeren Freiheit** führt, sie zugleich aber **immer weiter von der Natur** entfernt, die der Mensch sich unterworfen hat.

Im Wortlaut des Gedichts klingt das folgendermaßen (Verse 139–142):

FRIEDRICH SCHILLER

Der Spaziergang (1800; Auszug)

Seine Fesseln zerbricht der Mensch. Der beglückte! Zeriss' er
Mit den Fesseln der Furcht nur nicht den Zügel der Scham!
Freiheit ruft die Vernunft, Freiheit die wilde Begierde,
Von der heilgen Natur ringen sie lüstern sich los.[13]

Schiller schildert hier den Abstieg der Kultur, deren falsche Freiheit den Menschen von der Natur entfernt hat. Diese Entwicklung ist unumkehrbar. Zwei Wege öffnen sich – der Mensch kann Gefangener bleiben und seine Anlagen missbrauchen oder sich an der Natur orientieren und wirkliche Freiheit schrittweise ausbilden. *Der Spaziergang* endet daher mit der versöhnlichen Aussage, „Und die Sonne Homers, siehe! sie lächelt auch uns“[14]. Die Zeiten Homers, dieses großen Erzählers der griechischen Antike, stehen für eine Kultur, die sich noch im Einklang mit der Natur befand. Im Angesicht der unvergänglichen Natur, die sinnbildlich in dem Fixstern der Sonne erscheint, bewahrt sich der Mensch die **Hoffnung auf einen harmonischen Weg in eine ideale Kultur im Einklang mit der Natur** – in Orientierung an einer Idealvorstellung von der griechischen Antike.

Zu Beginn des 19. Jahrhunderts ersetzt der ästhetische Genuss der Natur die vormals religiös begründete Erfahrung kosmischer Geborgenheit. Die Dichtung übernimmt die Funktion, die durch die Entwicklung der Kultur und der Wissenschaft verlorene **Ganzheit der Natur ästhetisch als Landschaft zu vergegenwärtigen**.

Harmonie mit der Natur

In vollkommenem, harmonischem Gleichklang befinden sich Mensch und Natur in dem folgenden berühmten Gedicht, das Goethe vermutlich 1780 bei einem abendlichen Ausflug auf den Kickelhahn bei Ilmenau im Thüringer Wald in die Holzwand einer Hütte ritzte:

JOHANN WOLFGANG VON GOETHE

Ein Gleiches (Wandrers Nachtlied) (1815)

Über allen Gipfeln
ist Ruh,
In allen Wipfeln
Spürest du
Kaum einen Hauch;
Die Vögelein schweigen im Walde.
Warte nur balde
Ruhest du auch.[15]

Die Überschrift bezieht sich auf ein anderes Gedicht mit dem Titel *Wandrers Nachtlied*, das diesem Gedicht vorausgeht. Doch könnte man den Titel durchaus auch inhaltlich auf die **Übereinstimmung von Mensch und Natur** beziehen, die Thema dieses Gedichts ist. Ganz anders als im *Maifest* mit seiner extrovertierten Aufbruchsstimmung findet man hier eine ausgleichende

Ꮀ 1779 Aussicht vom Kickelhahn bei Ilmenau, 1776 von GOETHE gezeichnet.

und introvertierte **Sehnsucht nach Ruhe** im Angesicht einer **abendlich befriedeten Natur**. Es wird ein Bild entworfen, das die Natur in einer Bewegung auf den Beobachter hin anordnet, von den Hügeln über die Bäume und die im Wald zur Ruhe gekommenen Vögel bis hinein in den Innenraum der menschlichen Seele. Mit dieser Blicklinie von der Weite und Höhe des Mittelgebirges in die subjektive Innenwelt korrespondiert die Anordnung vom mineralischen über den pflanzlichen und tierischen Bereich bis zum Bereich der menschlichen Seele. Doch ist das lyrische Ich nicht erst am Schluss, in der Selbstansprache des vierten Verses, sondern im gesamten Gedicht präsent. Denn die Stimmung des Landschaftsraums erscheint wie in einem Landschaftsgemälde dieser Zeit vollkommen durch das Auge eines **empfindsamen, subjektiven Betrachters** vermittelt.

In diesem Bild steht die Weite des landschaftlichen Raums in harmonischem Einklang mit der Ruhe und der Geborgenheit in der Natur. **Äußere Weite und innere Ruhe** befinden sich nicht im Kontrast. Einzig der Mensch ist im letzten Verspaar von der fast vollendeten Stille in der Natur abgehoben, weil sich die

Ruhe für ihn noch nicht eingestellt hat, sondern er sie erst noch erwartet. Doch ist der Gedanke der **Analogie**, der inneren Entsprechung von äußerer und menschlicher Natur die Grundlage für die subjektive Gefühlsaussage.

Johann Wolfgang von Goethe: Ein Gleiches

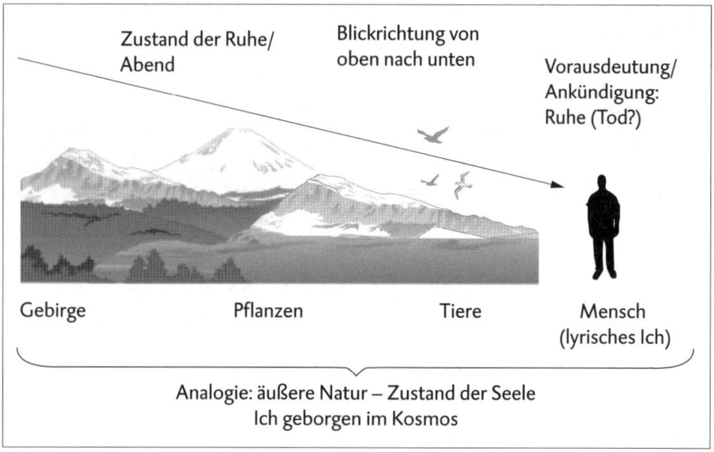

In Goethes Gedicht scheint die Naturbetrachtung vollkommen **säkularisiert** zu sein. Sie führt keineswegs direkt zu Gottes Schöpfung, sondern zum **Menschen** als einem höchst **subjektiven Betrachter**, der ganz in das kosmische Geschehen eingebettet ist. Unterschwellig könnte man hier einen christlichen Bezug erkennen, denn die Anordnung der Elemente von der anorganischen über die organische Natur hin zum Menschen gleicht der Anordnung des biblischen Schöpfungsberichts. Und auch der „Hauch" (V. 5) als ein typisch göttliches Erkennungsmerkmal gehört dazu.

Dieser unterschwellige Bezug verstärkt den Eindruck der **Geborgenheit des Menschen im Kreislauf des Kosmos**. Der Mensch ist nicht verloren in der Natur, sondern er bildet einen harmonischen Teil derselben. Die **Selbstanrede** in den letzten beiden Versen gilt sowohl dem lyrischen Ich als jedem Menschen ganz allgemein. Die Gewissheit, dass die Ruhe in der Natur auch den Menschen erreicht, ist unerschütterlich. Dabei bleibt offen, ob diese Ruhe auch in einem ganz allgemeinen Sinn als Todesruhe verstanden werden kann, die hier nicht als schrecklich, sondern als ein harmonisches und damit tröstliches Ziel erscheint.

Die Kunst und im besonderen die Dichtung ermöglicht auf dem Weg der ästhetischen Naturdarstellung eine Harmonie zwischen Mensch und Natur – etwa in der Art, wie sie in Goethes Inschrift auf dem Kickelhahn formuliert ist. Der dort ersehnte Seelenzustand der inneren Ruhe und Ausgeglichenheit ist den ethischen und ästhetischen Postulaten der Klassik gemäß.

Die **innere Bewegung der Seele in Analogie zur äußeren Natur** zu sehen, ist insgesamt kennzeichnend für das Verhältnis von Mensch und Natur in der Lyrik des ausgehenden 18. Jahrhunderts. In der Epoche der Klassik hat sich die Natur nun überwiegend aus dem religiösen Bedeutungskontext gelöst. Sie wird jetzt **symbolisch auf Menschliches** hin gedeutet.

Zentrale Merkmale der Naturlyrik der Klassik

- Verbesserung der Menschheit durch Bildung und ästhetische Erziehung
- Erziehung der Menschheit durch Beschäftigung mit dem Wahren, Schönen und Guten und durch die Orientierung an der Antike
- Natur als System, an dem Grundprinzipien des Lebens erkennbar sind
- Natur zeigt Gegensätze in harmonisch ausgewogenem Verhältnis: Natur als Vorbild für die Kunst
- Analogie von Mensch und Natur: Natur als Medium der Darstellung seelischer Stimmungslagen und allgemeiner Reflexionen
- Erfahrung kosmischer Geborgenheit durch ästhetischen Naturgenuss
- Vergegenwärtigung der Natur als schöne oder erhabene Landschaft
- Verwendung klassischer Formen, z. B. Elegien, Epigramme, Oden und Hymnen

Naturlyrik im 18. Jahrhundert: Themen, Formen, Ideen, Namen

Strömungen/ Epochen	Naturbegriff/ Themen	Bevorzugte Formen	Autoren
Frühaufklärung	Lob Gottes in der Natur, Natura Naturata: Natur als Gottes Schöpfung, Naturerkenntnis, Naturbeobachtung, Naturgenuss, Natur als Objekt der Sinneserfahrung	Lehrgedicht, Madrigal, Alexandriner, vers libre	Albrecht von Haller, Barthold Heinrich Brockes, Ewald Christian von Kleist, Friedrich von Hagedorn, Johann Peter Uz
Empfindsamkeit	Melancholie und Einsamkeit, Freundschaft, Subjektivismus, Enthusiasmus, „Fülle des Herzens", Betonung des Gefühls	Ode, Lied, Hexameter, Pentameter, freie Rhythmen (bei Klopstock)	Friedrich Gottlieb Klopstock, Friedrich Matthisson, Ludwig Christoph Heinrich Hölty, Matthias Claudius
Sturm und Drang, Geniezeit	Natur als Natura Naturans: Natur ist selbst schöpferisch, kraftvolle Natur, Individualität, Erlebnislyrik, Liebe und Kosmos, Lyrik als Natursprache, Sprache des Herzens	Lied, Ode, freie Rhythmen, Hymne	Friedrich von Stolberg, Johann Gottfried Herder, Johann Wolfgang von Goethe
Weimarer Klassik	Natur als Ideal, Veredelung der Natur durch die Kunst, Naturerforschung, Natur und Erziehung, Natur und Kultur, Natur und Vernunft, Harmoniestreben, Sittlichkeit	Distichon, Hymne, Ode, Lehrgedicht	Friedrich Schiller, Johann Wolfgang von Goethe

Naturlyrik im 19. Jahrhundert

1 Die Sprache der Seele im Gedicht der Romantik

„Nicht die grünen Stauden und Gewächse entzücken uns, sondern die geheimen Ahndungen, die aus ihnen gleichsam heraufsteigen und uns begrüßen. Dann entdeckt der Mensch wunderbare und neue Beziehungen zwischen sich und der Natur.“[16]

Dies schrieb Ludwig Tieck (1773–1853), ein für die gesamte Epoche der Romantik (ca. 1795–1830) repräsentativer Dichter.

Man erkennt aus der oben zitierten Äußerung Tiecks, dass die Romantik noch in der Tradition der Aufklärung stand, in der die Welt eine Einheit aus menschlicher und natürlicher Welt bildete oder – wie die Romantiker sagen würden – aus Natur und Geist. Aber der Schwerpunkt des Interesses verlagerte sich zunehmend auf die **subjektive Innenwelt des Menschen**.

„Nach innen geht der geheimnisvolle Weg“, schrieb dementsprechend auch Novalis (eigentlicher Name Friedrich von Hardenberg, 1772–1801). In der Romantik verknüpft ein inneres, **unsichtbares Band Mensch und Natur**, das in der Kunst zum Ausdruck kommt. Die **Sehnsucht** nach dieser ursprünglichen Verbundenheit und nach Entgrenzung im Unendlichen treibt den Romantiker auf eine ziellose **Wanderschaft** hinaus in die freie Natur. Anders als in der Aufklärung, in der die sichtbare Natur allen zugänglich und die Erkenntnis einer wohlgeordneten göttlichen Welt für jeden möglich war, der nur hinschauen wollte, benötigten die Romantiker eine zutiefst innerliche und irrationale Einfühlung, um die innere Übereinstimmung mit Natur erfahren zu können. Symbolisch für die Sehnsucht nach der innigen Verbindung zur Natur steht die **„blaue Blume“** des

Heinrich von Ofterdingen aus Novalis' gleichnamigem Roman. Diese erscheint dem jungen Heinrich im Traum, ist also nicht real greifbar. In ähnlicher Weise ist die angestrebte innere Beziehung zwischen Mensch und Natur nur demjenigen zugänglich, der bereit ist, in die **Welt der „geheimen Ahndungen"** einzutauchen. Anders als in der Aufklärung ist nicht das Auge das vorherrschende Organ der Wahrnehmung der Natur, sondern vielmehr das **Ohr**, der akustische Sinn. In der romantischen Naturlyrik findet man daher eine Fülle von Metaphern aus dem Bereich der **Akustik und Musik**.

Der Traum von der blauen Blume

- → Symbol für die Sehnsucht nach Urzustand: Verbundenheit Mensch – Natur
- → Annäherung auf irrationalen Wegen (Ahndungen, Träume)
- → Ziel bleibt unerreichbar: endlose Wanderung, fortgesetztes Unterwegssein
- → Volksdichtung als Medium, um verlorener Einheit mit Natur nachzuspüren

Die geheimnisvoll tönende Außenwelt erweist sich als Spiegel der Innenwelt. Besonders das **Lied** erschien den Romantikern als die geeignete Ausdrucksform einer **subjektiven Sprache der Seele**.

Dabei machte der Rückgriff auf die **Volksdichtung** die romantische Bewegung aus. Sie stand damit im Gegensatz zur an der lateinischen und griechischen Antike interessierten Klassik. Man vergewisserte sich durch die Betonung des Volkstümlichen einer kulturellen nationalen Identität, da die politische Einheit in dem in viele Kleinstaaten zersplitterten Land fehlte. Es wurden nicht nur Lieder, sondern auch Märchen und Volksbücher professionell gesammelt und bearbeitet (wie z. B. durch die Brüder Grimm). Diese Sammlungen hatten bedeutenden Einfluss auf die Lyrik und die Musik, in der sich das Kunstlied als herausragende, deutschsprachige Gattung etablierte.

Auch wenn die romantische Naturlyrik nicht nur aus dieser einen bevorzugten liedhaften Form bestand, hat sie die Auffassung von der Lyrik als einer liedhaften und subjektiven Form der Dichtung weitgehend geprägt.

Caspar David Friedrichs Gemälde *Zwei Männer in Betrachtung des Mondes* weist typische Motive romantischer Naturlyrik auf: Mondschein, Nacht und zwei in die Naturbetrachtung versunkene Wanderer.

„Abschied" – Sehnsucht nach der unendlichen Natur

Joseph von Eichendorff (1788–1857), der bedeutendste Naturlyriker der deutschen Hochromantik, entstammte einem alten schlesischen Adelsgeschlecht und war lange Zeit beruflich als Jurist für das katholische Schulwesen im Berliner Kultusministerium tätig.

Sein folgendes Gedicht ist Bestandteil des 1815 veröffentlichten Romans *Ahnung und Gegenwart*. Die **Verbindung einzelner Kunstgattungen** gehört zum Konzept der **frühromanti-**

schen Universalpoesie, sodass zahlreiche berühmte Gedichte im Kontext einer Romanhandlung stehen.

Unter dem Titel *Abschied* erschien das folgende Gedicht in dem von Eichendorff 1841 zusammengestellten Zyklus der *Wanderlieder* und wurde durch Mendelssohns Vertonung (1843) zu einem beliebten romantischen Chorlied.

JOSEPH VON EICHENDORFF

Abschied (1815/1841)

O Täler weit, o Höhen,
O schöner, grüner Wald,
Du meiner Lust und Wehen
Andächt'ger Aufenthalt!
Da draußen, stets betrogen,
Saust die geschäft'ge Welt,
Schlag noch einmal die Bogen
Um mich, du grünes Zelt!

Wann es beginnt zu tagen,
Die Erde dampft und blinkt,
Die Vögel lustig schlagen,
Daß dir dein Herz erklingt:
Da mag vergehn, verwehen
Das trübe Erdenleid,
Da sollst du auferstehen
In junger Herrlichkeit!

Da steht im Wald geschrieben,
Ein stilles, ernstes Wort,
Von rechtem Tun und Lieben,
Und was des Menschen Hort.
Ich habe treu gelesen
Die Worte schlicht und wahr,
Und durch mein ganzes Wesen
Ward's unaussprechlich klar.

Bald werd ich dich verlassen,
Fremd in der Fremde gehn,
Auf buntbewegten Gassen,
Des Lebens Schauspiel sehn,
Und mitten in dem Leben
Wird deines Ernsts Gewalt,
Mich Einsamen erheben,
So wird mein Herz nicht alt.[17]

Das Gedicht besteht aus vier gleich gebauten Strophen zu je acht Versen mit dreihebigen Jamben, in denen weibliche und männliche Endungen alternieren. Jede Strophe ist inhaltlich in zwei Abschnitte von zweimal vier Versen gegliedert, in denen entweder die Polarität zwischen einer idealen und einer realen Welt zum Ausdruck kommt (Strophe eins und – umgekehrt – Strophe vier) oder in denen der zweite Teil eine deutliche Steigerung des ersten Teils bedeutet (Strophe zwei und drei).

Der Inhalt lässt ein lyrisches Ich erkennen, das im Begriff ist, sich vom glücklichen Aufenthalt in freier Waldesnatur zu verabschieden. Zugleich sieht es einem Leben in städtischer Betriebsamkeit entgegen. Über diese Situation steht das lyrische Ich in einem **Dialog mit der Natur**. Zum Schluss wird der **Hoffnung auf eine dauerhafte Rückkehr in die Idealwelt der freien Natur** Ausdruck verliehen.

Der „schöne[…], grüne[…] Wald“ (V. 2) wird als eine Gegenwelt vom städtischen Trubel positiv abgegrenzt. Er ist durchgängig **spirituell aufgeladen:** Im **Wald** entzündet sich die Sehnsucht nach einer ewigen, überirdischen Heimat. Das lyrische Ich bewegt sich zwischen den Polen eines gesellschaftlich-vergänglichen und eines transzendenten Bereichs, zu dem die Naturerfahrung hinführt. Diesen Gegensatz thematisieren die Rahmenstrophen des Gedichts (Strophe 1 und 4). In beiden Strophen wendet sich das lyrische Ich mit der Du-Anrede wie in einem Dialog ausdrücklich an die Natur (V. 3, 8, 25, 30).

In der ersten Strophe stehen **Natur und Gesellschaft** ganz **im Gegensatz:** Der „schöne[...], grüne[...] Wald" (V. 2) kontrastiert mit der Hektik der verlogenen Geschäftswelt („Da draußen, stets betrogen", V. 5). Der für Eichendorff typische Höhenblick („O Täler weit, o Höhen", V. 1), mit dem das Gedicht einsetzt, gilt einem umfassenden Naturraum, der sich abhebt von der Enge der „buntbewegten Gassen" (V. 27) in der städtischen Welt.

Der Einsamkeit des lyrischen Ich in der durch die Industrialisierung aufkommenden Massengesellschaft steht die Metaphorik des „grüne[n] Zelt[es]" (V. 8) entgegen, das den Menschen in einem „Bogen" (V. 7) schützend umfängt. Der **Wald** ist also ein Ort, der die Erfahrung (vorläufiger) **heimatlicher Geborgenheit** vermittelt. Das „grüne Zelt" meint nicht nur das Waldesgrün, sondern stellt auch ein Symbol der Hoffnung auf eine dauerhafte Heimat dar, in der der **christliche Auferstehungsgedanke** mitschwingt.

In der zweiten Strophe ist der Tagesanbruch sowohl als schöne Naturerfahrung (in der ersten Strophenhälfte, V. 9–12) als auch als Symbol für ein wie immer geartetes neues Leben zu interpretieren (in der zweiten Strophenhälfte, V. 13–16). Es handelt sich dabei um eine ganz subjektive und irrationale Sehnsucht, die durch die Erfahrung des Waldesmorgens ausgelöst wird. Dabei bestehen deutliche Anklänge an eine religiöse Sprache („Da sollst du auferstehen/ In junger Herrlichkeit", V. 15 f.). Zur **Sehnsucht nach Erlösung** gehört die Abwendung vom gesellschaftlichen Dasein: „Da mag vergehn, verwehen/Das trübe Erdenleid" (V. 13 f.).

In der dritten Strophe wird der Dialog von Mensch und Natur aus der ersten Strophe fortgesetzt: In der Stille und Andacht der Waldeseinsamkeit teilt sich diesmal die Natur dem Menschen mit und gibt Auskunft darüber, wo die wahre Heimat, „des Menschen Hort" (V. 20), zu finden ist. Doch nicht nur das erfährt der Mensch bei seinem Aufenthalt in der Natur, sondern auch das richtige Handeln „liest" das lyrische Ich (wie schon in der Aufklärung) aus der Natur heraus (vgl. V. 17–24). Allerdings kann es den genauen Wortlaut an dieser Stelle nicht wiedergeben, sondern spürt dessen Wahrheit durch „[s]ein ganzes Wesen" (V. 23). Nach romantischer Auffassung lassen sich manche **Empfindungen** nicht einfach in Sprache übersetzen, sondern können nur **ganzheitlich erfahren** werden. So deutet das erklingende Herz, das mit dem Morgengesang der Vögel gleichschwingt (vgl. V. 11 f.), auf die vollkommene innere Übereinstimmung von Natur und Seele hin, die in Worten nicht ausgedrückt werden kann.

In der letzten Strophe wird das Geschehen zusammengefasst und die grenzüberschreitende Komponente der Naturerfahrung gelangt an einen End- und Höhepunkt: In der ersten Hälfte der Strophe wird der bevorstehende Abschied und die zu erwartende Erfahrung der Entfremdung in der Gesellschaft, in der zweiten Hälfte dagegen die Erlösungshoffnung ausgesprochen.

Hier wird deutlich, dass die gesellschaftliche **Realität** paradoxerweise eigentlich eine **irreale Welt** ist, denn sie zeigt nur „[d]es Lebens Schauspiel" (V. 28). Die Realität erscheint als Spiel, als Theater oder als eine Welt des Trügerischen, in der das lyrische Ich nur die Rolle eines außenstehenden Zuschauers spielt und sich heimatlos und einsam fühlt, ausgedrückt durch die Wortwiederholung „Fremd in der Fremde" (V. 26).

In der zweiten Strophenhälfte wird mit einem Bibelzitat der christliche Kontext berührt. Der berühmte 18. Psalm aus der Bibel lautet: „Mitten in dem Leben sind/wir vom Tod umfangen." Der Eile und Oberflächlichkeit der gesellschaftlichen Welt steht hier die andächtig kontemplative Zeitlosigkeit des in der Natur erfahrenen Allbezugs gegenüber („So wird mein Herz nicht alt", V. 32). Der Kreis schließt sich zur ersten Strophe, dem Blick zu „Tälern und Höhen". Nun spricht das lyrische Ich direkt die **Sehnsucht** aus, **zum Himmel erhoben zu werden**. Der Ort der Geborgenheit, der grüne Wald, ist der Ausgangspunkt des lyrischen Ich (Strophe 1) und er symbolisiert zugleich die Sehnsucht nach einem beständigen Ziel auf der Wanderschaft durch das Leben (Strophe 4).

Der Wanderer im Gedicht *Abschied* durchläuft **drei zeitliche Etappen:** Auf ein ursprüngliches, paradiesisches Stadium, das der Wald repräsentiert, folgt ein weiteres, wenn er hinauszieht ins Leben, in dem er das Paradies verloren hat, und schließlich ein drittes, das die Erinnerung und die Sehnsucht nach dem verlorenen Paradies beinhaltet. Dieses Gestaltungsprinzip ist für die Romantik charakteristisch. Es entspricht dem schon von Rousseau entwickelten Gedanken, dass der Mensch gegenwärtig einen ursprünglichen idealen Naturzustand verloren hat, an dem er sich für die Zukunft orientieren muss. Dieser geschichtliche Dreischritt nach dem Schema **Arkadien** (paradiesischer Naturzustand) – **Gegenwart** – **Elysium** (paradiesische Ewigkeit) vermischt sich bei Eichendorff mit der christlichen Hoffnung auf Erlösung, die zugleich gegen das negativ bewertete bürgerliche Erwerbsleben gerichtet ist.

Joseph von Eichendorff: Abschied

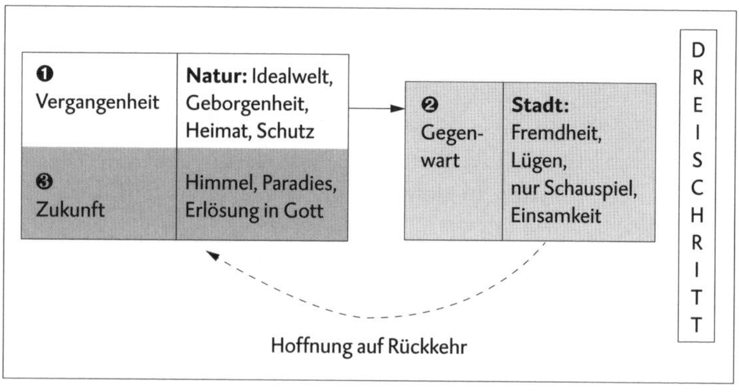

Die Dichter der Romantik wenden sich der **Natur** zu, die sie ähnlich wie die Dichter des 18. Jahrhunderts **als Ideal und Norm** ansehen. Ihr Schwerpunkt liegt auf der Sehnsucht nach dieser verlorenen Natur. Dabei kehren sie sich von den Zerstreuungen und der Orientierungslosigkeit der Zivilisation ab. Sie **sehnen sich nach ursprünglicher Einheit mit der Natur** und projizieren diese Sehnsucht – teils religiös aufgeladen – in eine unendliche himmlische Ferne. In der Einsamkeit der Natur, besonders im Wald, vermögen sie diese Sehnsucht in ihren Träumen, in ihren Fantasien, in der Nacht und in den unbewussten Tiefenregionen der Seele zu beleben. Es ist eine romantische „Gratwanderung", ein **beständiges Unterwegssein**, dessen Ziel letztendlich ungewiss bleibt.

„Im Walde" – schauerliche Natur

In Eichendorffs Gedichten ist stets von inneren, seelischen Vorgängen die Rede. Dieser Verinnerlichung entspricht das akustisch musikalische Element stärker als das optische, weshalb immer wieder mit dem Ohr aufgenommene Sinneseindrücke beschrieben werden. Das kurze Gedicht *Im Walde* spielt in derselben Szenerie wie *Abschied*, es gehört zum Zyklus der Wanderlieder und wurde von Schumann kongenial vertont:

JOSEPH VON EICHENDORFF

Im Walde (1836)

Es zog eine Hochzeit den Berg entlang,
Ich hörte die Vögel schlagen.
Da blitzten viel Reiter, das Waldhorn klang,
Das war ein lustiges Jagen!

Und eh' ich's gedacht, war alles verhallt,
Die Nacht bedecket die Runde.
Nur von den Bergen noch rauschet der Wald
Und mich schauerts im Herzensgrunde.[18]

Es handelt sich um ein **schlichtes Lied**, scheinbar ohne großen inneren Zusammenhang. In der **ersten Strophe** geht es ganz vordergründig um die **muntere Akustik des Waldes bei Tage**, wenn Menschen sich dort aufhalten und alles mit Leben erfüllt ist. Die Geräuschkulisse besteht aus dem ganzen Arsenal der Waldesromantik, aus Vogelsang, Waldhorn und Jagdrufen. In der **zweiten Strophe**, in der die **Nacht** hereinbricht, verbleibt nur noch das **schauerliche Waldesrauschen**, das von einem tieferen Wissen kündet. Naturerfahrung stellt sich in Gegensätzen dar: Tag und Nacht, das Laute und das Leise, Lust und Schauer, Vorder- und Hintergründiges, Außenwelt und Innenwelt, Lebensfreude und Todesahnung stehen einander gegenüber. Diese Gegensätzlichkeit manifestiert sich auch im **Vokalklang** der beiden Strophen. In der ersten Strophe dominieren die hellen und offenen Vokale e und i, in der zweiten Strophe bilden die dunkleren Vokalklänge den Verseinsatz sowie Binnen- und Endreim (Und, nur, schauert, rauschet, Runde, Grunde). Anders als in dem Gedicht *Abschied* hat der Mensch mit seinem Schauer im Herzen hier **keine Zuversicht**, sondern bleibt mit diesem alleine zurück, ohne zu wissen, wohin seine dunkle Ahnung ihn führen wird. Hoffnung auf Zuflucht oder Erlösung findet keine Erwähnung, es entsteht **etwas Bedrohliches** in der den Menschen umgebenden nächtlichen Einsamkeit des Waldes.

Die Natur ist in Eichendorffs Gedichten sinnbildlich auf eine andere Welt gerichtet, in der entweder die schauerliche, bedrohliche, dämonische oder aber die heimatlich geborgene Komponente überwiegt. Eine letztendliche Gewissheit gibt es nirgends. Entscheidend für das lyrische Ich ist der innere Widerhall des Waldesrauschens als seelischer Schauer (vgl. V. 7, 8). Die **Naturerfahrung** ist ebenso **ambivalent wie die Stimmungslage**. Sie wird ganz durch die Subjektivität, durch die innere Wahrnehmung und Stimmung des lyrischen Ich vermittelt.

Diese Ambivalenzerfahrung drückte der Philosoph und Theoretiker der Romantik August Wilhelm Schlegel in folgender Weise aus: „Auch unser Gemüt teilt sich wie die äußere Welt zwischen Licht und Dunkel, und der Wechsel von Tag und Nacht ist ein sehr treffendes Bild unseres geistigen Daseins [...] Der Sonnenschein ist die Vernunft [...], wo wir an die Bedingungen der Wirklichkeit gebunden sind [...]. Die Nacht aber umhüllt diese mit einem wohltätigen Schleier und eröffnet uns [...] die Aussicht in die Räume der Möglichkeit. Sie ist die Zeit der Träume.“[19] Die Aufklärung stand für das Licht der Vernunft. Die **Nacht**, die **Träume und das Unbewusste** sind die Aspekte des Lebens, für die sich die Romantiker besonders interessierten.

„Der Lindenbaum“ – Zwiesprache mit der Natur

Paul Heys Illustration *Am Brunnen vor dem Tore* zeigt den Lindenbaum als Treffpunkt eines Liebespaares vor der Stadt.

Die Romantik glaubte an die Einheit der Natur und verband dementsprechend innerseelische, menschliche Vorgänge mit denjenigen in der äußeren Natur. Die **natürliche Außenwelt** wird zu einer **Projektionsfläche für die menschliche Fantasie**. Dabei tritt der Mensch in einen Dialog mit der Natur.

Die Natur wird dadurch selbst zu einem Subjekt, sie wird zu einem sprechenden, sich in akustisch-musikalischer Weise mitteilenden Gegenüber. In vielen romantischen Gedichten vermittelt die Natur geheime Botschaften, die auf eine besonders innige Verbundenheit mit dem

Menschen hindeuten. So ist es auch in einem der berühmtesten vertonten Gedichte aus der deutschen Romantik von Wilhelm Müller (1794 –1827) aus seinem 1823 entstandenen Zyklus *Die Winterreise.*

WILHELM MÜLLER

Der Lindenbaum (1823)

Am Brunnen vor dem Tore
Da steht ein Lindenbaum:
Ich träumt' in seinem Schatten
So manchen süßen Traum.

Ich schnitt in seine Rinde
So manches liebe Wort;
Es zog in Freud' und Leide
Zu ihm mich immer fort.

Ich musst' auch heute wandern
Vorbei in tiefer Nacht,
Da hab' ich noch im Dunkel
Die Augen zugemacht.

Und seine Zweige rauschten,
Als riefen sie mir zu:
Komm her zu mir, Geselle,
Hier findst du deine Ruh'!

Die kalten Winde bliesen
Mir grad' ins Angesicht,
Der Hut flog mir vom Kopfe,
Ich wendete mich nicht.

Nun bin ich manche Stunde
Entfernt von jenem Ort,
Und immer hör' ich's rauschen:
Du fändest Ruhe dort![20]

Das Gedicht entspricht in formaler Hinsicht dem Prinzip der sogenannten **Volksliedstrophe**. Das sind Strophen aus meistens vier Versen im jambischen Metrum mit drei oder vier Hebungen und regelmäßigem Reimschema, hier dem Kreuzreim des jeweils zweiten und vierten Verses.

Der dreiteilige Inhalt dieses Monologs ist leicht nachvollziehbar: Die ersten beiden Strophen beschreiben eine **idyllische Situation**, in deren Zentrum der **Lindenbaum wie ein Freund und Vertrauter** steht. Zu der Idylle gehören weitere typische Insignien: der wohltuende Schatten, der Brunnen, die Lage vor dem Stadttor und der Tagtraum. In den folgenden drei Strophen erzählt das lyrische Ich davon, dass es diesen idyllischen Ort seiner glücklichen Erinnerung zu nächtlicher Stunde verlassen muss. Dazu schließt es im Vorbeigehen die Augen, doch macht sich der Baum akustisch bemerkbar und fordert zum Verweilen auf. Das lyrische Ich widersteht dem Ruf des Baumes und entschließt sich zum **Weiterwandern**, wobei es sein Gesicht schutzlos, ohne Hut, der Kälte und dem Wind aussetzen muss. Zum Schluss erinnert sich das lyrische Ich an die Ausgangssituation aus zeitlicher und räumlicher Distanz. Dabei wird aus der erzählenden Erinnerung an das zeitlose Präsens der ersten beiden Verse angeknüpft („Und immer hör' ich's rauschen", V. 23).

Das Gedicht enthält viele typisch romantische, symbolhaltige und ambivalente Motive: Dazu gehört neben der Schatten spendenden Linde, dem zentralen Symbol, der Brunnen, der Traum, die Ruhe, die Nacht, das Wandern, das bedeutungsvolle Rauschen der Zweige und der Hut. Ein Hut ist immer ein Statussymbol und sein Verlust steht sinnbildlich für den Verlust von gesellschaftlichem Rang oder Schutz. Das Wegfliegen des Hutes wird hier ausgelöst durch den kalten Wintersturm, der auf den einsamen Wanderer trifft. Die äußere Kälte der Natur veranschaulicht in diesem Gedicht die inneren Emotionen. Die Wanderung erfolgt unfreiwillig („Ich musst' auch heute wandern", V. 9) und ist Ausdruck von Ruhelosigkeit.

Der Lindenbaum in der Romantik, der im Zentrum dieses Gedichts steht, hat vielfältige Bedeutung als **Treffpunkt der Liebenden** und als **Symbol einer milden und wohltuenden Natur** sowie als **Ort geselliger Gemeinsamkeit**. Das lyrische Ich muss die schützende Brunnenlinde als Symbol der Gemeinschaft verlassen. Seine ruhelose Wanderschaft in der nächtlichen Einsamkeit des Winters steht ganz in diesem Zusammenhang. Die **Linde wendet sich an den Wanderer**, sie kommuniziert mit ihm und stellt Erlösung von seiner ziellosen Wanderung in Aussicht, sie **verspricht wiederholt Ruhe**. Unterschwellig schwingt hier die Bedeutung der Todesruhe mit, vielleicht sogar die düstere Verlockung, diese Lebenswanderung durch Suizid zu beenden. Der romantische Naturklang ist wieder einmal ambivalent. Und er wird hier fast unmerklich durch die lyrische Subjektivität vermittelt. Denn das bedeutungsvolle Rauschen der Lindenbaumzweige wird nicht wirklich behauptet, sondern es steht jeweils im Konjunktiv, es ist nur ein „**Als-ob**" („Und seine Zweige rauschten,/Als riefen sie mir zu", V. 13 f.) oder eine Möglichkeit („Und immer hör' ich's rauschen:/Du fändest Ruhe dort!", V. 23 f.). Das lyrische Ich kleidet seine subjektiven Empfindungen in akustische Botschaften einer personifizierten Natur. Der **Naturklang** erweist sich als **Spiegel der menschlichen Seele**.

Es zeigt sich, dass die in der Naturlyrik des 18. Jahrhunderts vermittelte Einheit von göttlicher Natur und Mensch nur noch als eine subjektive Vorstellung möglich ist. Durch die beginnende Industrialisierung wurde die Natur zunehmend unter ihrem Verwertungs- und Nützlichkeitsaspekt betrachtet und damit ihrem traditionellen, metaphysischen Kontext entzogen. Die **Romantiker werteten die Natur aber ganzheitlich auf**, indem sie ihr die geheimsten Regungen ihrer Seele anvertrauten.

In dieser Hinsicht ersetzt das romantische Natur- und Landschaftserleben die religiöse Einkehr aus vergangenen Jahrhunderten. Der Mensch strebt also beständig danach, die vorher noch herrschende Einheit mit der Natur wiederherzustellen. Zu diesem Zweck tritt er in einen **Dialog mit der Natur**, die er damit zu einem selbstständigen Subjekt aufwertet.

Zentrale Merkmale der Naturlyrik der Romantik

Natur als Spiegel

- besonderes Einheitsgefühl zwischen Mensch und Natur
- Naturbilder als Spiegel innerer, seelischer Vorgänge: Natur als Projektionsfläche für subjektive Stimmungslagen des Menschen
- Ambivalenz der Natur: geheimnisvoll und milde, aber auch dämonisch und unheimlich als Spiegel von menschlichen Ängsten und existenzieller Verunsicherung
- weniger bildlich-optische als musikalisch-akustische Naturdarstellung: Natur wird nicht beschrieben, sondern gehört
- Kommunikation zwischen Mensch und Natur

Natur als Sehnsuchtsraum

- Wandern als Sinnbild des ruhelosen und sehnsüchtigen Individuums auf der Suche nach dem Unendlichen
- Natur als Sehnsuchtsraum, Ort der Selbstfindung, Gegenwelt zur Zivilisation, Sinnbild für Idealzustand und kosmische Totalität

Formales

- Lyrik als subjektive Natursprache der Seele: Volksliedstrophe als bevorzugte Form, zahlreiche romantische Liedvertonungen

2 Naturlyrik der Restaurationszeit – Biedermeier, Junges Deutschland und Vormärz

„Die höchsten Blüten des deutschen Geistes sind die Philosophie und das Lied. [...] Diese Blütezeit ist jetzt vorbei, es gehört dazu die idyllische Ruhe; Deutschland ist jetzt fortgerissen in die Bewegung, [...] der Dampfwagen der Eisenbahn gibt uns eine zittrige Gemütserschütterung, wobei kein Lied aufgehen kann, der Kohlendampf verscheucht die Sangesvögel, und der Gasbeleuchtungsgestank verdirbt die duftige Mondnacht.“[21]

Wenn man diese Beschreibung von Heinrich Heine aus dem Jahr 1827 liest, könnte man glauben, dass es in dieser ersten Jahrhunderthälfte kaum noch Naturlyrik gegeben hätte, bedingt durch die in den 1830er-Jahren massiv einsetzende **Industrielle Revolution** in Deutschland. Doch Heine beschreibt nur die Widersprüche und die Gegensätze, welche sich auch auf die Literatur seiner Zeit auswirkten. Diese Antagonismen manifestieren sich in den beiden literarischen Hauptströmungen der Zeit, dem Biedermeier und dem Jungen Deutschland, aus dem später die Vormärzlyrik hervorging.

Dieses Gemälde einer idyllischen Waldlandschaft stammt von Carl Spitzweg, *dem* Maler des Biedermeier.

Der Begriff des **Biedermeier** war ursprünglich ein Spottname für einen behäbigen Spießbürger und wurde im 20. Jahrhundert als Epochenbezeichnung übernommen. Das literarische Biedermeier umfasst die Jahrzehnte von ca. 1815 bis 1848, historisch gesehen die Zeit von Restauration und Revolution in Deutschland.

Das **Junge Deutschland** ist die Bezeichnung für eine literarische Bewegung in der Zeit von der Französischen Julirevolution 1830 bis 1835, als der deutsche Bundestag beschloss, alle Schriften der liberalen, kritischen Bewegung zu verbieten und ihre Autoren strafrechtlich zu verfolgen. Dennoch existierte das Junge Deutschland auch nach dem Veröffentlichungsverbot weiter bis etwa um 1855.

In den Jahren 1815 bis 1850 war es um die Meinungs- und Publikationsfreiheit schlecht bestellt in Deutschland. Die Karlsbader Beschlüsse von 1819 und die mit ihnen einhergehende Verfolgung sogenannter „Demagogen“ hatte zur Folge, dass demokratische Ideen wie **Freiheit der Presse** und der politischen Rede sowie **nationale Einheitsbestrebungen unterdrückt** wurden und liberal Denkende ins Ausland emigrieren mussten, wenn sie der Gefängnis- oder gar der Todesstrafe entgehen wollten. Zu den Emigranten gehörten namhafte liberale Professoren wie Jacob Grimm oder Schriftsteller wie Georg Büchner, Ludwig Börne und Heinrich Heine.

Die **Naturlyrik** erlebte in dieser Epoche einen neuen **Aufschwung**. Die Industrialisierung hatte durch Papiermaschinen und Schnellpresse die Herstellung und den Vertrieb im Buch- und Zeitungsdruck revolutioniert und beschleunigt. Die Almanache, Jahrbücher für gebildete Leserschichten, waren der Ort für die Gedichte, welche die Lücken ausfüllten, die durch die staatliche Zensur oft kurzfristig in diesen Blättern entstanden waren. **Natur und Liebe** waren **politisch unverfängliche Themen**, hinter denen sich mitunter auch manche Sozialkritik verbarg.

Die Lyrik des Jungen Deutschland ging über in die Lyrik des deutschen Vormärz von der Französischen Julirevolution 1830 bis zur Märzrevolution von 1848 in Deutschland und Österreich. Die Natur ist hier ein untergeordnetes Thema und dient allenfalls als Metapher für den politischen Aufbruch.

Biedermeierlicher Rückzug in den eigenen Garten

Als erstes Beispiel für diesen Epochenabschnitt dient ein Gartengedicht von Friedrich Rückert (1788–1866), der als Lyriker, Übersetzer und Professor für orientalische Sprachen tätig war:

FRIEDRICH RÜCKERT

Beschränkung

Weit spazieren
mag' ich nicht, der Tag ist warm,
Und genieren
Soll mich nicht der Städter Schwarm.

Die Umbüschung
Meines Gartens beut' mir Ruh' — beut': bietet
Und Erfrischung
Haucht der Sommerwind mir zu.

Luft aus Süden
Bringt gedämpften Trommelklang
Und im Frieden
Über mir schwebt Lerchensang.[22]

Die Aussage ist unmissverständlich und die Überschrift ist Programm. Das Gedicht klingt wie ein Muster für **biedermeierliche Lebenseinstellung:** Nicht Leidenschaften und Entdeckerfreude sind die Triebkräfte der Begegnung mit der Natur, sondern der **Wunsch nach Ruhe und Frieden** im abgegrenzten Bereich des häuslich-intimen Sommergartens. Das Biedermeier ist die Zeit, in der sich die **bürgerliche Kleinfamilie** konstituierte und sich als geschützter, privater Raum von der bürgerlichen Geschäftswelt und der städtischen Öffentlichkeit abgrenzte. Der Dichter Rückert liebte die Ruhe, er gab seine Professur in

Berlin nach einigen Jahren auf und lebte zurückgezogen auf dem Familiengut seiner Frau im fränkischen Neuses bei Coburg. In der „Beschränkung" auf die Ruhe und den Frieden des von Büschen umgrenzten Gartens (vgl. V. 5 f.), abgetrennt von der Menge der städtischen Sonntagsspaziergänger, ist der Bürger bei sich selbst. Er ist zufrieden, wenn nur seine Ruhe gesichert ist.

Die alternierende Länge der Verse und die Symmetrie, mit der die ersten und letzten vier Verse die mittleren beiden Strophen zu je zwei Versen einrahmen, geben dieser sommerlichen Gartenidylle eine kunstvolle, abgeschlossene Form. Am Schluss lässt der Dichter noch ein **Stück aus der weiten Welt** in seinen biedermeierlichen Garten hineinklingen: Der Trommelklang aus dem Süden passt zur anfangs genannten Wärme des Tages. Dieser ist nur „gedämpft[...]" (V. 10) zu hören, vermag also den friedlichen Rückzug von der Außenwelt nicht zu stören. Und statt der unerwünschten „Städter Schwarm" (V. 4) in der ersten Strophe vernimmt das lyrische Ich nun den Gesang der Lerchen. **Lerchengesang** aber ist auch ein traditionelles **Sinnbild für die Dichtersprache**. So bietet der Aufenthalt im Garten genug, um dichterisch inspiriert zu werden.

Doch die genügsame Beschränkung auf die häusliche Gartenidylle war nur eine der möglichen Reaktionsformen auf die politische Ohnmacht des Bürgertums in der Epoche der Restauration. Zugleich öffnete sich im 19. Jahrhundert in der Kunst der Horizont für bisher unbekannte oder unbeachtete Gegenden und Landschaften. Und auch das gehört zu den Widersprüchen dieser Epoche: Der **resignative Rückzug ins Private** einerseits und die **Suche nach Fluchtwegen und neuen Paradiesen** andererseits. Dazu hatte auch die Revolutionierung des gesellschaftlichen Lebens durch Urbanisierung und Bevölkerungsexplosion beigetragen. In Dichtung, Malerei und Musik wurden nun ganz neue Landschaften entdeckt.

Natur als Vermittlerin neuer Ausdrucksformen der Dichtung

Eduard Mörike (1804–1875) gilt als Vertreter des schwäbischen Biedermeier. Er war Pfarrer, doch übte er diesen Beruf nur vorübergehend aus. Ebenso wie bei der gleichfalls bedeutenden, westfälischen Dichterin des Biedermeier, Annette von Droste-Hülshoff, ist seine Lyrik durchdrungen von Naturmotiven. Aber Natur ist bei ihm kein Fluchtraum mehr wie in der Romantik, sondern in ihr manifestiert sich die gesamte **geistige und seelische Heimatlosigkeit des Menschen** in der Restaurationsepoche. Die Naturwahrnehmung ist von einem oft **schmerzhaften Prozess der Selbstfindung** gekennzeichnet, ohne dass das lyrische Ich dabei grammatisch explizit in Erscheinung treten muss.

Die Natur weist zeichenhaft nicht auf etwas Transzendentes, sondern auf etwas Persönliches hin. Sie dient als **Medium der lyrischen Selbstaussprache**, bei der das lyrische Ich seine Empfindungen immer mehr und fast unmerklich in die Natur hineinprojiziert.

Man findet bei Mörike häufig **Übergangs- oder Dämmerzustände** in der Natur, wie in folgendem berühmten Gedicht:

EDUARD MÖRIKE

Septembermorgen (1829)

Im Nebel ruhet noch die Welt,
Noch träumen Wald und Wiesen:
Bald siehst du, wenn der Schleier fällt,
Den blauen Himmel unverstellt,
Herbstkräftig die gedämpfte Welt
In warmem Golde fließen.[23]

Ins Auge springt hier, dass, abgesehen von der Du-Anrede im dritten Vers, keine Person anwesend zu sein scheint. Ganz schlicht wird hier eine **in frühherbstlichen Nebel getauchte Landschaft** präsentiert. Die Bilder sind konventionell: Welt,

Wald und Wiesen im personifizierten Zustand des Traumes und der Ruhe. Das Adverb „Noch" (V. 2) weist diesen Zustand als vorläufig und vorübergehend aus; mit ihm korrespondiert das „Bald" im folgenden Vers, das die herbstliche Landschaft vollends in einer **Situation des Übergangs** zeigt. Im zweiten Teil der Strophe wird mit der Erwartung des klaren Himmelblaus auch das konventionelle Vokabular in einen neuen Zusammenhang gestellt. „Blau", das war die Blume der Romantik, die eine unsagbare Sehnsucht und eine irreale Traumwelt repräsentierte. In diesem Gedicht gewinnt diese Farbe ihre Qualität als eine realistische Beschreibungsmöglichkeit zurück. Diese Sichtweise könnte man daher auch als neu verstehen, sie ist gegenüber traditioneller Metaphorik „unverstellt" (V. 4). Dem entspricht die Wortschöpfung „Herbstkräftig" (V. 5), die am Beginn des vorletzten Verses gegen den jambischen Versakzent eine gewichtige Doppelbetonung erhält. Nicht mehr schwach und verschwommen wie noch im Traum wird die Welt zu sehen sein, sondern ihre Farben werden „[h]erbstkräftig" (V. 5), also anders, aber gut sichtbar erstrahlen. In formaler Entsprechung zu dieser Veränderung wird die Strophenform der ersten drei Verszeilen, in denen drei- und vierhebige Jamben sich abwechseln, die sogenannte Chevy-Chase-Strophe, im zweiten Teil des Gedichts aufgegeben. Auch die Abwechslung im Reim entfällt nach der dritten Verszeile. Es wiederholt sich nun noch zweimal der erste Reim auf „Welt", bis in der Schlusszeile mit dem Verb „fließen" der unreine Reim auf „Wiesen" erstmals erfolgt. Dadurch wird der Übergangszustand zwischen dem „Noch" des Nebels und dem „Bald" der herbstlichen Farbenwelt erfassbar, indem die Erwartung, die sich in den drei aufeinanderfolgenden Gleichklängen des ersten Reims aufgebaut hat, erst ganz zum Schluss erfüllt wird. Alliterationen (z. B. „Wald und Wiesen", V. 2) und Assonanzen („fällt", „[h]erbstkräftig", „gedämpft[...]"; V. 3 und 5) unterstreichen den **fließenden Cha-**

rakter des Naturbildes und überspielen die Einförmigkeit der Reimwiederholungen.

Der **Schleier** ist eine alte **Metapher für die dichterische Sprache**. Man könnte daher das Gedicht auch so verstehen, dass Mörike hier die Möglichkeit sprachlicher Darstellung von Natur in neuer Weise vorführt. Und es ist Natur, die hier als Vermittlerin dient. Die durchgebildete Form dieses Gedichts schafft sozusagen selbst eine neue Wirklichkeit. Diese Wirklichkeit ist keine Abbildung des Vorhandenen, sondern ein kunstvolles Sprachgebilde, das nichts Vorhandenes gestaltet, sondern etwas, was „noch" nicht wirklich, sondern nur ein Versprechen ist.

Dichtung im 19. Jahrhundert ist immer auch **Dichtung über die Möglichkeiten der Sprache und der Poesie**.

Für Ferdinand Georg Waldmüller war eine möglichst naturgetreue, aber auch idealisierte Wirklichkeitsschilderung auf seinen Bildern besonders wichtig. Dies zeigt auch sein Gemälde *Traunsee mit Schloss Ort* aus dem Jahr 1835.

Kritik an der zum Klischee erstarrten Naturlyrik bei Heine

Joseph von Eichendorff, ein Zeitgenosse Heinrich Heines, bringt die Leistung des Dichters für die Geschichte der Lyrik sehr treffend zum Ausdruck. Er schreibt, dass Heine, *„ursprünglich selbst noch Romantiker [...] aller Poesie das Täfelchen frivoler Ironie"* angehängt habe, *„das jubelnd ausruft: Seht da, wie hübsch, ihr guten Leute! Aber glaubt ja nicht etwa, dass ich an das Zeug glaube!*

Fast jedes seiner schönen Lieder schließt mit solchem Selbstmorde. Die Zeit hat allgemach den Romantikern hinter die Karten geguckt und insgeheim Ekel und Langeweile vor dem hohlen Spiel überkommen. Das sprach Heine frech und witzig aus, und der alte Zauberbann war gelöst."[24]

Trotz seiner **Skepsis gegenüber der Romantik** war Heine ein Anhänger des **Volksliedes** und er bediente sich vorzugsweise dieser durch die Romantik wiederbelebten Strophenform.

Heine ist auch der erste bedeutende deutsche Journalist. In den Journalismus brachte er das subjektive Element ein, während er umgekehrt in der Lyrik kein politisches Thema ausklammerte: Philosophie, Politik, Vaterland, Religion und Revolution, aber vor allem die Liebe, all das wurde in seiner Lyrik kritisch bis spöttisch oder schmerzlich betroffen abgehandelt. Aus politischen Gründen lebte Heine seit 1831 fast ununterbrochen in Paris im Exil, da seine Schriften seit dem Bundestagsbeschluss von 1830 gegen die Dichter des Jungen Deutschland verboten waren.

Hinter dem Titel seines berühmten Versepos *Deutschland – Ein Wintermärchen* (1844) verbirgt sich kein lyrisches Naturgemälde, sondern eine Satire auf die politischen Missstände im vorrevolutionären Deutschland. Heine teilt mit den Lyrikern des Vormärz die Methode, Naturbilder als Metaphern für Politik zu verwenden, in diesem Fall steht das *Wintermärchen* ironisch für eine winterliche Reise durch die im Niedergang begriffenen feudalen Kleinstaaten, mit deren vergangener und befürchteter zukünftiger Entwicklung Heine radikal abrechnet. Naturphänomene sind hier hochgradig politisiert, wie in den folgenden Versen: „Ich hatte einst ein schönes Vaterland,/Der Eichenbaum/Wuchs dort so hoch, die Veilchen nickten sanft/Es war ein Traum." Im Gegensatz zur Linde wird die Eiche als männliches Symbol gesehen. Sie steht für Kraft, Beharrlichkeit und Heldentum. Die Veilchen sind dazu ein lieblicher Gegenpol. Mit solchem Stolz und Liebreiz kann Heine das in viele Kleinstaaten zersplitterte, politisch rückständige Deutschland seiner Zeit nicht identifizieren.

Aber Heine beschäftigt sich in seiner Lyrik auch immer wieder mit dem Problem der **Abnutzung überkommener Naturbilder** wie in folgendem Gedicht:

HEINRICH HEINE

Entartung (1844)

Hat die Natur sich auch verschlechtert,
Und nimmt sie Menschenfehler an?
Mich dünkt, die Pflanzen und die Tiere,
Sie lügen jetzt wie jedermann.

Ich glaub nicht an der Lilie Keuschheit,
Es buhlt mit ihr der bunte Geck,
Der Schmetterling; er küßt und flattert
Am End' mit ihrer Unschuld weg.

Von der Bescheidenheit der Veilchen
Halt ich nicht viel. Die kleine Blum',
Mit den koketten Düften lockt sie,
Und heimlich dürstet sie nach Ruhm.

Ich zweifle auch, ob sie empfindet,
Die Nachtigall, das, was sie singt;
Sie übertreibt und schluchzt und trillert
Nur aus Routine, wie mich dünkt.

Die Wahrheit schwindet von der Erde,
Auch mit der Treu' ist es vorbei.
Die Hunde wedeln noch und stinken
Wie sonst, doch sind sie nicht mehr treu.[25]

Heine nimmt hier die zum **Klischee** verkommenen altbewährten Naturbilder **ironisch** aufs Korn. Zwar benutzt er die Form der Volksliedstrophe, doch zerstört er ihre Ursprünglichkeit und Authentizität, indem er am Schluss auch noch die unpoetischen

Hunde „wedeln [...] und stinken“ (V. 19) lässt. Damit würdigt er auch die schöne Natur der vorigen Strophen als Gegenstand lyrischer Verskunst herab, indem er **Banales und Alltägliches** in prosaischer Sprache bruchlos in die Reimform überführt. Dazu gehört auch die Freiheit, unreine Reime zu verwenden („singt“ – „dünkt“, V. 14/16; „vorbei“ – „treu“, V. 18/20). Heine personifiziert die Natur, indem er ihr Lügenhaftigkeit attestiert: Pflanzen und Tiere lügen nicht nur „wie jedermann“ (V. 4), sie buhlen auch, sind durstig nach Ruhm und spielen aus Routine falsche Gefühle vor. So wird hier mit dem Problem des verbrauchten Vokabulars aus Naturbildern zugleich eine **Sozialkritik** formuliert.

Als Träumender erweist sich Heine durchaus als der Romantik zugehörig, doch der Traum übersteigt die Wirklichkeit nicht, wie in der Romantik, sondern die **Realität liquidiert den Traum** am Ende und der Rückzug in die Kunst wird als Illusion entlarvt.

Natur als Fluchtraum aus einer verlogenen Welt und sei es nur in der Poesie, dieser Traum ist mit Heine beendet, auch wenn er immer wieder eine große Sehnsucht danach artikuliert.

Zentrale Merkmale der Naturlyrik der Restaurationszeit

- neuer Aufschwung für Naturlyrik wegen Verbot politischer und sozialkritischer Themen durch Zensur
- Naturlyrik als verschlüsselte Kritik an Politik und Gesellschaft
- Natur als biedermeierlicher Rückzugsort in private, familiäre Idylle: Abgrenzung von der industrialisierten Massengesellschaft
- Natur als Metapher für Isolation, menschliche Kälte und Heimatlosigkeit, aber auch für kleindeutsche politische Rückständigkeit
- Thematisierung der Zeitlichkeit des Daseins durch Darstellung von Übergangszuständen (Tages- und Jahreszeiten)
- kunstvolle Sprachgebilde, die subjektive Erfahrungen als eigene poetische Wirklichkeiten zeigen
- ironische Darstellung der Abnutzung zum Klischee erstarrter Naturbilder
- poetologische Gedichte, um neue Möglichkeiten der Dichtung zu thematisieren

3 „O stört sie nicht, die Feier der Natur!“ – Realismus bei Storm, Hebbel und Meyer

„Der Realismus ist die Widerspiegelung alles wirklichen Lebens [. . .] im Elemente der Kunst.“

So charakterisiert Theodor Fontane die Literatur dieser Epoche. Er „will das Wahre“ und „schließt nichts aus als die Lüge, das Forcierte, das Nebelhafte, das Abgestorbene.“[26] Fontane meinte damit, dass man sich nun auf das empirisch Greifbare konzentrieren wollte, anstatt in Empfindsamkeiten zu schwelgen und die Realität zu idealisieren oder aber sie romantisch zu überhöhen und nur zu träumen.

Der poetische Realismus umfasst den Zeitraum von der Mitte des 19. Jahrhunderts bis etwa 1880. Seine bevorzugte Domäne ist die epische Prosa, der Roman und die Novelle, in der der Mensch in seinem realen Alltag und seinen sozialen Konflikten geschildert wird. Entscheidende Grundlage für die Literatur dieser Epoche ist der unaufhaltsame **Fortschritt** in den Naturwissenschaften, in Technik und Verkehr sowie die Umwälzung der Gesellschaft durch die **Industrielle Revolution**, die sich in Deutschland nun vollends durchgesetzt hat.

Wie schon in der Restaurationsepoche verbreitete sich die Literatur weiterhin massenhaft durch Fortschritte in Produktion, Druck und Vertrieb. Der Zeitgeist aber hatte sich verändert: Nach der niedergeschlagenen Revolution arrangierte man sich allmählich mit den Verhältnissen und neigte nicht mehr so sehr zu Schwermut und Resignation wie in der Restaurationszeit.

Das Weltbild wurde zunehmend durch die **empirischen Wissenschaften** geprägt, so beispielsweise durch Darwins **Evolutionstheorie** gegen Ende des Jahrhunderts. Auf viele Autoren des Realismus wie Storm, Keller und Fontane übte der Philosoph **Ludwig Feuerbach** großen Einfluss aus. Feuerbach betrachtete Religion als eine Wunschprojektion aus menschlichen Vorstellungen und statt den übernatürlichen, metaphysischen Dingen wendete er sich ganz dem Diesseits und der wirklichen Welt der sichtbaren Dinge zu.

Was ein solcher Realismus für die Naturlyrik bedeutet, zeigen die drei folgenden Beispielgedichte.

Natürliche Mutterschaft und mütterliche Natur bei Storm

Theodor Storm (1817–1888) zählt unter den Dichtern des Realismus zu denjenigen, die der romantischen Lyrik nahestehen. Die **norddeutsche Landschaft** und das **Meer** sind die bevorzugten Naturräume des gebürtigen Husumers. Das folgende Sommergedicht schlägt einen sehr stimmungsvollen Ton an:

THEODOR STORM

Juli (1860)

Klingt im Wind ein Wiegenlied,
Sonne warm herniedersieht,
Seine Ähren senkt das Korn,
Rote Beere schwillt am Dorn,
Schwer von Segen ist die Flur –
Junge Frau, was sinnst du nur?[27]

Natürliche Reifungsprozesse bei Mensch und Natur werden hier in eine Analogie gebracht. Als „Junge Frau“ (V. 6) wird im letzten Vers eine Frau im gebärfähigen Alter angesprochen, nachdem zuvor die überall sichtbare, von sommerlicher Fruchtbarkeit und Reife geprägte Natur gezeigt wurde. Das allgemeine Wachstum in der Natur bleibt ganz sich selbst überlassen. Durch die fehlenden Artikel bei der Naturbeschreibung wird der **Reifungsvorgang** als **etwas Allgemeingültiges** beschrieben. Nicht ein konkreter Landschaftsausschnitt oder ein bestimmtes Individuum ist hier gemeint, sondern die Fruchtbarkeit von Natur und Mensch schlechthin. Mit diesem Bild der unter dem kosmischen Einfluss von Sonne und Wind reifenden Natur, für die generalisierend Korn und Beere stehen, korrespondiert auch das durchgängige Metrum des fallenden vierhebigen Trochäus.

Das Bild verdichtet sich im fünften Vers in der „Schwer von Segen [erfüllten] Flur“, das wie eine Zusammenfassung des Vorigen erscheint, bevor – abgehoben durch den Gedankenstrich – mit der **Frage an die junge Frau** die **Verbindung von Mensch und Natur** explizit hergestellt wird. In ihrer Fruchtbarkeit wird die Natur also als etwas durchaus Weibliches gesehen, ebenso wie die Frau und ihre Gebärfähigkeit als etwas Natürliches. Und diese Analogie geht über den Aspekt der Fruchtbarkeit und Reife noch hinaus: Im Wind als Träger eines Wiegenliedes, das eine Mutter ihrem Kind singen könnte, verbinden sich menschliche und natürliche Elemente; die **Natur** ist selbst **mütterlich**, ebenso wie die potenzielle Mutter etwas Natürliches ist. Das Wiegenlied als akustischer Bestandteil der mütterlichen Natur klingt im ersten Vers an und durchzieht als i-Laut auf jeder dritten Hebung aller folgenden Verse – mit Ausnahme des dritten – das gesamte Gedicht.

Storms **Analogiesierung von Weiblichkeit**, **Mutterschaft und Natur** steht durchaus in einer gewissen Tradition, da im ausgehenden 18. Jahrhundert mit der Herausbildung der modernen bürgerlichen Kleinfamilie ein neues Verständnis von der Rolle der Frau entstanden ist. Das Weibliche identifiziert man zunehmend mit der Natur, in der ein mütterliches, nährendes und schützendes Element gesehen wird.

Doch ganz ungebrochen ist die Harmonie von Mensch und Natur bei Storm nicht mehr: Der letzte Vers in dem Gedicht „Juli“ ist als eine Frage formuliert. Worüber die junge Frau sich genau Gedanken macht, ist offen. Doch will die unbekannte Sprechinstanz die **Frau** durch die Frage darauf hinweisen, dass sie ein **Teil der Natur** ist. Der Frau soll ihr keineswegs selbstverständlicher Einklang mit den Vorgängen in der Natur bewusst werden. Während in der Klassik die Einheit von

Mensch und Natur noch Gewissheit war, wird diese ein halbes Jahrhundert später bei Storm infrage gestellt. Menschliches Sinnen zeigt Distanz zur Natur, gerade dort, wo sie überwunden werden soll.

Autonomie der Natur in Friedrich Hebbels „Herbstbild“

FRIEDRICH HEBBEL

Herbstbild (1852)

Dies ist ein Herbsttag, wie ich keinen sah!
Die Luft ist still, als athmete man kaum,
Und dennoch fallen raschelnd, fern und nah',
Die schönsten Früchte ab von jedem Baum.

O stört sie nicht, die Feier der Natur!
Dies ist die Lese, die sie selber hält,
Denn heute löst sich von den Zweigen nur,
Was vor dem milden Strahl der Sonne fällt.[28]

Auch dieses Gedicht von Friedrich Hebbel hat einen **Reifungsprozess** in der Natur zum Thema, allerdings nicht in der Wachstumszeit, sondern im Augenblick der höchsten Reife. Der Reifungsvorgang wird nicht nur wahrgenommen, sondern auch bewusst reflektiert. Es existiert ein fiktiver Sprecher, der auf diesen besonderen Moment an einem einzigartigen Tag im Herbst verweist: „Dies ist ein Herbsttag, wie ich keinen sah!“ (V. 1) Die Einmaligkeit dieses Erlebnisses wird hervorgehoben durch die Übersteigerung in dem emphatisch ausgerufenen Vergleich „wie ich keinen sah“ (V. 1). **Naturbeschreibung und Reflexion** des Geschehens überlagern sich, was den gesamten Aufbau des Gedichts prägt. Beide Strophen sind inhaltlich und formal in je zwei Teile untergliedert, wobei der erste Teil jeweils den Zustand der Natur, die vollendete Reife, reflektiert, während der zweite die Bewegung in der Natur, den Fall der Früchte und das

Zeitlich-Vergängliche thematisiert. Zwischen den beiden Strophen ergeben sich daraus erstaunliche Parallelen:

	1. Strophe	**2. Strophe**
Inhalt	Naturzustand und Reflexion des Naturzustands (V. 1–2) Naturbewegung und Reflexion der Naturbewegung (V. 3–4)	Naturzustand und Reflexion des Naturzustands (V. 5–6) Naturbewegung und Reflexion der Naturbewegung (V. 7–8)
Sprache	Feierlich-gehobener Ton als Ausruf (V. 1) Gegenmetrische Betonung in Vers 1 (Dies ist …)	Feierlich-gehobene Aufforderung (V. 5) Gegenmetrische Betonung in Vers 5 (O stört …)
Form	zwei Versenden sind Satzschlüsse (V. 1–2), es folgt Zeilenenjambement (V. 3–4)	zwei Versenden sind Satzschlüsse (V. 5–6), es folgt Zeilenenjambement (V. 7–8)
Verknüpfung der Strophenteile	als Widerspruch: „Und dennoch" (V. 3)	als Begründung: „Denn" (V. 7)

Jede Strophe enthält also zwei aufeinander bezogene Naturbilder: In der ersten Strophe steht die stille Luft den raschelnd vom Baum fallenden Früchten gegenüber, in der zweiten Strophe bezieht sich die herbstliche Lese auf den milden Strahl der Sonne, der hier das Herabfallen auslöst. Die erste Hälfte jeder Strophe enthält ein ruhiges, die zweite ein bewegteres Moment. **Ruhe und Bewegung** greifen in der Reflexion des Reifeprozesses ineinander. In beiden Strophen wird die Realität in ein „Bild" überführt (Herbsttag, herabfallende Früchte), wobei das Bild eine **rationale Erkenntnis zur Folge** hat (Natur soll ungestört bleiben). In der ersten Strophe spricht ein lyrisches Ich von seiner Wahrnehmung eines außergewöhnlichen Herbsttages, in der zweiten Strophe wendet sich dieses Ich wie in einem Fazit an die Allgemeinheit.

Vergänglichkeit und Sterben kommen auch in den Bildern des Malers Ferdinand Hodler, wie hier auf seinem Gemälde *Herbstabend*, zum Ausdruck.

Der feierlich-gehobenen Thematik entspricht die Form: Von der Strophenform her erscheinen zweimal vier Verse im Kreuzreim als schlicht, aber das Metrum ist nicht der vierhebige, sondern der fünfhebige Jambus, der seit der Weimarer Klassik und Shakespeare bedeutende Dramenvers. Dazu kommen die ausschließlich harten Versenden im Kreuzreim, die das Gedicht getragen und feierlich klingen lassen.

Auch die intensiven lautlichen Verknüpfungen tragen zur Geschlossenheit der herbstlichen Bilder bei: Es „fallen raschelnd, fern und nah',/Die [...] Früchte ab" (V. 3 f.). Das leise Geräusch der fallenden Früchte, steckt auch als klangvolle Assonanz der Konsonanten „sch" in „still", „rascheln", „schönsten", „stört" und „Strahl".

Der Eindruck der gehobenen Feierlichkeit durchzieht auf der Lautebene das gesamte Gedicht durch den Konsonanten „F", der im Fallen der Früchte in der ersten Strophe und dem letzten Wort des Gedichts, dem Verbum „fällt" (V. 8), enthalten ist.

In *Herbstbild* erscheint Natur nicht als Ausdruck eines subjektiven Erlebnisses (wie im Sturm und Drang) oder einer subjektiven Stimmungslage (wie in Romantik und Biedermeier). Hebbel war vielmehr davon überzeugt, „dass der Dichter nicht in die Natur hinein, sondern aus ihr heraus dichten müsse". Das bedeutet, dass er nicht seine Subjektivität in das Naturbild einbringen, sondern die **Natur aus sich heraus wirken** lassen will. Die Erkenntnis, die aus dem Bild der herbstlichen Naturfeier gewonnen wurde, besteht darin, dass die Natur, indem sie sich selbst überlassen bleibt, ihren eigenen Gesetzen ungestört folgen kann.

Die „Feier der Natur" ist der erhabene Moment der vollendeten Reife und des Übergangs in das Vergängliche, der Feiertag der Schöpfung. Die Natur ist autonom und der Mensch betrachtet sie mit distanzierter Betroffenheit. Das **lyrische Ich** tritt nur **als kommentierende Instanz** auf, ohne seine eigenen Empfindungen explizit zum Ausdruck bringen zu wollen. Dabei teilen sich dem Leser des Gedichts neben dem zentralen Eindruck von der erhabenen Feierlichkeit einer sich selbst überlassenen Natur im Augenblick ihrer höchsten Reife noch einige andere Eindrücke mit. Diese sind:

- Das Unmerkliche, die Milde und Behutsamkeit beim Übergang von der Lebensfülle zum Fallen und Vergehen (V. 2, 8),
- die Zusammengehörigkeit von Schönheit und Vergänglichkeit (V. 1, 4, 5),
- der Höhepunkt des Daseins (die Reife) und das Scheidenmüssen (die Lese) gehören zusammen.

Auch wenn der Dichter „aus der Natur heraus" dichtet, versteht sich Dichtung selbst nicht als ‚Naturlaut'. Der Dichter schafft vielmehr mittels der sprachlich-poetischen Gestaltung eine eigene Wirklichkeit, indem er ein Erlebnis, einen einzigartigen Augenblick oder einen besonderen Eindruck bildlich veranschaulicht und damit erst allgemeingültig macht. Nach Hebbel ist Dichtung „Veranschaulichung des Unendlichen an der singulären Erscheinung". Das Singuläre ist hier das Erlebnis von fallendem Obst an einem schönen Herbsttag; das Unendliche zeigt sich im anschaulichen poetischen Bild, in dem Lebensfülle und Vergänglichkeit zusammenfallen. Im Gedicht wird eine **allgemeingültige Wahrheit sichtbar**. Somit ist *Herbstbild* nicht nur ein „realistisches" Jahreszeitengedicht, sondern auch ein Gedicht über den **Zusammenhang von Ruhe und Bewegung, Lebensfülle und Vergänglichkeit, Schönheit und Verfall**.

Verhältnis von Natur und Kunst bei C.F. Meyer

CONRAD FERDINAND MEYER

Fülle (1860)

Genug ist nicht genug! Gepriesen werde
Der Herbst! Kein Ast, der seiner Frucht entbehrte!
Tief beugt sich mancher allzu reich beschwerte,
Der Apfel fällt mit dumpfem Laut zur Erde.

Genug ist nicht genug! Es lacht im Laube!
Die saft'ge Pfirsche winkt dem durst'gen Munde!
Die trunknen Wespen summen in die Runde:
»Genug ist nicht genug!« um eine Traube.

Genug ist nicht genug! Mit vollen Zügen
Schlürft Dichtergeist am Borne des Genusses,
Das Herz, auch es bedarf des Überflusses,
Genug kann nie und nimmermehr genügen![29]

Born: dichterisch für Quelle/Brunnen

Auch C.F. Meyers Gedicht *Fülle* bietet ein anschauliches Bild der **Natur im Augenblick der Erntezeit**. Meyer konzentriert sich ganz auf einen einzigen Aspekt, der bereits im Titel *Fülle* genau angegeben ist: Mit dem überfließenden Reichtum herbstlicher Naturprodukte wird auch das Prinzip **dichterischer Produktivität** anschaulich. Der Gedanke von der Notwendigkeit des Überflusses für Natur- und Kunstproduktion wird ausgesprochen als ein Paradox: „Genug ist nicht genug!" (V. 1, 5, 8 und 9)

Herbstgedichte des Realismus

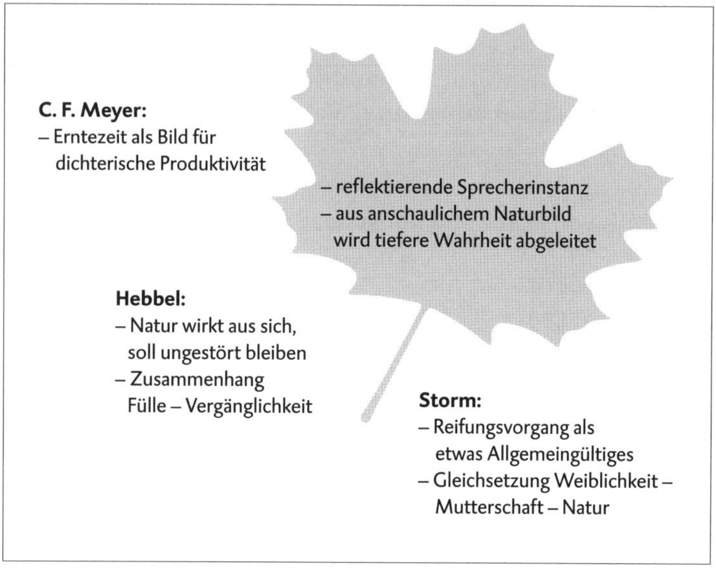

Er wird in allen Strophen des Gedichts anfangs wiederholt und im letzten Vers sogar noch einmal variiert und übersteigert. Wie die trunkenen Wespen summend eine vollreife Traube umrunden, ohne dass ihnen diese genügt (vgl. V. 7 f.), so umkreist dieser Gedanke alle herbstlichen Bilder dieses Gedichts, von denen es „nie und nimmermehr" (V. 12) genug geben kann.

Meyers theoretische Grundauffassung von der Lyrik gipfelt in dem Satz, man solle „nicht das Poetische realisieren, sondern das Reale poetisieren". Tatsächlich sind die von ihm verwendeten **Bilder** höchst **greifbar und gegenständlich**. Dagegen blieben die Romantiker mit ihren Naturbildern eher unkonkret. Die bloße Erwähnung von Wolke, Wald, Feld, Fluss und Baum genügte, um eine seelische Stimmung zu artikulieren. Meyer hingegen lässt die herbstliche Szene sehr plastisch werden durch die konkrete Nennung der verschiedenen Früchte (Apfel, Pfirsich und

Traube) und durch bilderreiche, lebendige Verben wie „entbehren“, „beugen“ und „fallen“ in der ersten Strophe, fortgesetzt durch „lachen“, „winken“ und „summen“ in der zweiten Strophe. Und auch die Adjektive sind in ihren Verbindungen sehr eindrücklich: „reich beschwert“, „dumpfer Laut“ (erste Strophe), „saft'ge Pfirsche“, „trunkne Wespen“ (zweite Strophe). Diese Bilder bereiten schließlich die dritte Strophe vor, in der nun vom **menschlichen Kunstprodukt** die Rede ist. Sein Zustandekommen unterliegt den gleichen Gesetzen wie die Natur, indem es auch auf dem Prinzip von Reichtum, Fülle und Überfluss beruht.

Das durchweg anschauliche Vokabular verbindet Mensch und Natur: „Mit vollen Zügen/Schlürft Dichtergeist am Borne des Genusses“ (V. 9 f.). Die menschliche Nahrung ist diejenige, die Herz und Geist erquickt, und der Mensch genießt alles im vollen Bewusstsein dieses von ihm geschilderten Überflusses. Dieser regt den Dichter zu lyrischer Produktion an. Mensch und Natur unterliegen zwar gleichen Gesetzen, doch es besteht keine selbstverständliche Harmonie. Alles wird **rational überlegt** und ist ein Produkt des **reflektierenden menschlichen Geistes**, welcher aus dem Vollen schöpft, so wie die Natur aus ihrem herbstlichen Reichtum.

Wie bei Hebbel und Storm tritt der **Dichter** nicht als fühlendes Individuum in Erscheinung, sondern nur als **Repräsentant eines Gedankens**, nämlich ganz allgemein als „Dichtergeist“ ohne Artikel. Und ähnlich wie bei Hebbel besteht das Naturbild in einer **Vermischung von Anschauung und Reflexion**. Das Ergebnis ist ein höchst artifizielles dichterisches Produkt. Und wie in *Herbstbild* wird in diesem Gedicht ein **Gedanke in einem anschaulichen Naturbild zu einer allgemeinen Wahrheit** und künstlerischen Wirklichkeit erhoben.

Zentrale Merkmale der Naturlyrik des Realismus

- Abwendung vom subjektiv geprägten Naturgedicht: objektiviertes und anschauliches Bild der Natur, in dem ein allgemeiner Gedanke oder eine Idee konkret fassbar werden kann
- gedankliche Durchdringung eines bestimmten Ausschnitts oder Augenblicks des alltäglichen Erlebens und Empfindens in kunstvoll durchkonstruiertem Gedicht
- überpersönliches Auftreten des Dichters (nicht als lyrisches Ich mit subjektiven Empfindungen): Verallgemeinerbarkeit seiner Gedanken
- Darstellung selbstständiger Natur ohne menschlichen Zugriff: Wirkung der Natur aus sich selbst heraus; Autonomie der Natur
- Distanz von Mensch und Natur: rationales Hinterfragen ihrer Beziehung

4 Nüchterne Abbildung der Realität im Naturalismus

„Kunst ist ein Stück Natur, gesehen durch ein Temperament."[30]

Diese Behauptung stellte der französische Dichter Émile Zola auf und leitete daraus die Formel K = N + X (Kunst = Natur + dichterische Gestaltung) ab. Der Berliner Arno Holz (1863–1929) machte daraus die Formel K = N – X, **Kunst = Natur – X**. X steht dabei für die dichterische Gestaltung, die in den Augen der Naturalisten möglichst gegen Null gehen sollte. Der Anteil des Subjektiven sollte aus der Kunst verdrängt werden. Die **gesellschaftliche Wirklichkeit**, hässlich oder verkommen, sollte ganz **objektiv** und mit quasi **naturwissenschaftlicher Exaktheit** abgebildet werden.

Der Naturalismus (ca. 1880–1900) ist ein **übersteigerter Realismus**, der in ganz Europa verbreitet war. Seine Ausdrucksform ist vor allem der psychologische Roman und das gesellschaftskritische Drama. In der Lyrik opponierte man gegen konventionelle Vers- und Strophenformen und orientierte sich lieber am **Rhythmus der Prosa**. Der **Sekundenstil** wurde entwickelt, eine sprachliche Technik, in der wie in Zeitlupe die kleinsten Nuancen des Alltags aufgezeichnet wurden.

Die Naturalisten wollten gerade nicht die Natur bedichten, sondern das soziale Milieu und die Leiden des niedrigsten Standes schildern. In der Lyrik wurde die Natur nun ganz **nüchtern** betrachtet. Sie sollte ebenso exakt beschrieben werden wie ein naturwissenschaftliches Experiment. Jegliche Idealisierung wurde abgelehnt und eine **quasi-fotografische** Abbildung gefordert.

Wirklichkeitsgetreue Natur bei Arno Holz

Beispielhaft für die im Naturalismus angestrebten Neuerungen steht folgendes Gedicht:

ARNO HOLZ
Herbst (1893)

Eine Düne.
Auf ihr,
Einsam.
Ein Haus,
Draußen Regen,
Ich am Fenster

Hinter mir.
Tiktak,
Eine Uhr,
Meine Stirn
Gegen die Scheibe

Nichts,
Alles vorbei!

Grau der Himmel,
Grau die See,
Und grau
Das Herz.[31]

Sowohl in der Lyrik als auch in der bildenden Kunst wollten die Naturalisten vor allem das harte Arbeitsleben der einfachen Leute möglichst wirklichkeitsgetreu abbilden. Die Natur war demzufolge eher ein Randthema, wie auch auf dem Gemälde *Stopfende alte Frau am Fenster* von Max Liebermann.

Neu ist weniger die jahreszeitliche Thematik des trübsinnigen Herbstes, der eine „graue" Seelenstimmung anzeigen soll („Grau der Himmel,/[...] Und grau/Das Herz", V. 14 ff.), als vielmehr die **prosanahe Sprache**, in der nur **einzelne, bedeutungslose Gegenstände zusammenhanglos aufgezählt** werden. Das Ich ist darin vollständig integriert und keine Verben bringen Bewegung in diese graue, unschöne Alltäglichkeit. Die einzelnen Wörter bestimmen minutiös die Rhythmik der Kurzverse. Das „Tiktak" (V. 8) der Uhr ahmt wirklichkeitsgetreu im sogenannten **Sekundenstil** das Vergehen der Zeit nach. Auch der elliptische Stil einzelner Schlagwörter wie „Nichts" (V. 12) oder „Alles vorbei!" (V. 13) passt zur **Öde des Erlebens**. Es ist ein trostloser, ein „grauer" Zeitpunkt des Daseins, der mit der – in diesem Kontext nüchtern wirkenden – Überschrift „Herbst" naturalistisch exakt definiert wird.

Das Gedicht verweist auf charakteristische Tendenzen moderner Lyrik und auf das darin zum Ausdruck kommende Verhältnis von Mensch und Natur. Die Wirklichkeit, welche bei Arno Holz als eine herbstliche Dünenlandschaft abgebildet wird, soll **nicht ästhetisch verschönert**, sondern in ihrer belanglosen Trostlosigkeit dargestellt werden. Das Gedicht **wirkt objektiv**, realistisch und ohne eine künstlerische Zutat, wie es auch eine Fotografie sein kann. Die Subjektivität des lyrischen Ich erscheint wie ausgelöscht. Die Formel „grau/Das Herz“ (V. 16 f.) ist kein subjektives Empfinden, sondern sie ist verallgemeinerbar, so als wäre die trübe Stimmung ein objektiver, allgemeinverbindlicher Bestandteil dieser Abbildung. Der Naturalismus will die Welt nicht verschönern, sondern er will sie präsentieren, ohne dass ein Individuum ihrem **möglichst naturgetreuen Abbild** seinen persönlichen Stempel aufdrückt. Das gelingt auch durch die Sprache: Die Rhythmik der Kurzverse im Gedicht wird minutiös von den einzelnen Wörtern bestimmt, sodass die äußere Wirklichkeit stärker in den Vordergrund rückt. Der Eindruck einer subjektiven künstlerischen Gestaltung wird vermieden, sondern es gilt die Formel Kunst = Natur – X, wobei X möglichst gering gehalten wird.

Zentrale Merkmale der Naturlyrik des Naturalismus

Intention

- Naturwissenschaft als Leitbild
- Wegfall der verklärenden Poetisierung und Blick auf die hässliche Wirklichkeit
- Kunst = Natur – X: größtmögliche Entsprechung von Kunst und Natur, möglichst geringe Einwirkung des Autors und seiner Subjektivität
- Präzision der Naturdarstellung: exakte Widerspiegelung der Realität und quasifotografische Abbildung

Formales

- Bruch mit traditioneller Lyrik: Gestaltung nach „innerem Rhythmus“/Orientierung am Rhythmus der Prosa; Aufgabe konventioneller Vers- und Strophenformen; Sekundenstil (Aufzeichnung kleinster Nuancen des Alltags wie in Zeitlupe)

Naturlyrik im 19. Jahrhundert: Themen, Formen, Ideen, Namen

Strömungen/ Epochen	Naturbegriff/ Themen	Bevorzugte Formen	Autoren
Romantik (Früh-, Hoch- und Spätromantik)	Nachtseiten der Natur, bedrohliche Natur, klingende Natur, beseelte und stimmungsvolle Natur, Wanderung und Reisen, Sehnsucht, Fernweh, Naturmystik, Naturidylle	Lied, Hymne, Volkslied, Romanze, Sonett	Novalis, Ludwig Tieck, Achim von Arnim, Clemens Brentano, Joseph von Eichendorff, Ludwig Uhland, Theodor Körner, Wilhelm Müller
Zeit der Restauration (1815–1848)	Schauerliche und bedrohliche Natur, Natur als behagliches Idyll, Natur als Metapher für die Freiheitsbewegung und Sozialkritik	Lied, freie Rhythmen, Epigramm, Sonett, numinose Ballade, Romanze	Annette von Droste-Hülshoff, Eduard Mörike, Heinrich Heine, Georg Herwegh, Friedrich Rückert
Realismus (1850–1890)	Natur als Gemälde und Bild, Jahreszeiten, Mutter Natur, Anschauung und Gedanke	Lied, Bildgedicht, Spruch, Ballade	Nikolaus Lenau, Friedrich Hebbel, Theodor Storm, Emanuel Geibel, Conrad Ferdinand Meyer, Theodor Fontane
Naturalismus (ca. 1880–1900)	Soziales und nüchterne Großstadt, Abbildung der (hässlichen) Wirklichkeit	Sekundenstil, prosahafte Sprache, Ellipsen, freie Formen, grafische Formen	Arno Holz, Christian Morgenstern, Friedrich Nietzsche, Johannes Schlaf, Max Dauthendey, Richard Dehmel

Naturlyrik im 20. Jahrhundert

1 Vielfalt der Strömungen um die Jahrhundertwende – Ästhetizismus, Jugendstil und Impressionismus

„Den Wert der Dichtung entscheidet nicht der Sinn [...], sondern die Form.“[32]

Diese Aussage von Stefan George zeigt, dass die inhaltliche Aussage gegenüber den formalen Aspekten um die Jahrhundertwende an Bedeutung verlor. Die Zeit von 1890 bis 1920, welche diese Epoche im weitesten Sinne umfasst, ist durch eine große Vielfalt an Strömungen und Stilen gekennzeichnet: Ästhetizismus, Jugendstil, Impressionismus und Symbolismus.

In Anlehnung an das französische Konzept einer **„poésie pure“** formulierte George in seinen, einem exklusiven Leserkreis zugedachten *Blättern für die Kunst* 1892 das Programm des **„L'art pour l'art“**, einer Kunst, die nur für die Kunst da sein sollte. Nicht Sozialkritik und Weltverbesserung wie im Naturalismus sollten das Ziel sein, sondern eine Kunst, die ihren Zweck in sich selbst fand. Diese Kunstauffassung nennt man auch **Ästhetizismus**. Naturalismus und Ästhetizismus unterscheiden sich in der Art des Zugriffs auf die Realität: Wollte der Naturalismus die Literatur verwissenschaftlichen und die Wirklichkeit objektiv darstellen, so wollte der Ästhetizismus umgekehrt nur das Kunstprodukt gelten lassen und die **reale und gesellschaftliche Welt aus der Kunstwelt ausgrenzen**. Entsprechend dieser eigenwilligen Konzeption erschienen Georges Werke in einem besonderen Druck. Kleinschreibung der Substantive, ungewöhnliche Ausdrücke, eine eigenwillige Orthografie sowie das Verbot, ein und denselben Reim zweimal zu verwenden, waren Gestaltungsregeln, die er sich selbst auferlegte.

Auch der **Jugendstil** zielt auf eine Abkehr vom Naturalismus durch künstlerische **Stilisierung einer schönen und wirklichkeitsfernen Welt**. Der Begriff entstammt eigentlich der Architektur und den Bildenden Künsten. Er verweist auf die Bedeutung der Jugend als Ausdruck für den Wunsch nach kultureller Erneuerung. Um die Jahrhundertwende entstand mit der Jugendbewegung eine eigene **Jugendkultur**. Die Heranwachsenden der Großstadt entdeckten die freie Natur und das Wandern als Freizeitgestaltung. Man versuchte, alternative, naturnahe und gesündere Lebensformen zu verwirklichen.

Der **Impressionismus** als Stilbegriff wurde – wie schon der Naturalismus – aus der Malerei auf die Literatur übertragen. Die Impressionisten überboten den Naturalismus, indem sie sich die **Wirklichkeit noch genauer ansahen**. Sie malten (oder dichteten) im Freien, um die natürlichen Lichteffekte einer bestimmten Tageszeit genau erfassen zu können. Dabei verschob sich das Verhältnis von Darstellungsweise und Dargestelltem derart, dass der **augenblickliche Eindruck** die naturalistische Wiedergabe überlagerte. Der eigenwillige, **subjektive** Landschaftseindruck des Malers oder Dichters tauchte die Wirklichkeit in ein ganz neues Licht.

Claude Monet gilt als der Begründer des Impressionismus. Er pflanzte Gärten an, wo immer er lebte und verewigte diese auf seinen Bildern.

In den beiden nachfolgend interpretierten Gedichten von George (1868–1933) und Hofmannsthal (1874–1929) ist ein Garten der gemeinsame, poetische Schauplatz.

Welche Gründe gibt es dafür, dass **Gärten** zu bevorzugten Orten in der Naturlyrik der Jahrhundertwende werden?

- Gärten sind nach außen **abgegrenzte Räume**. In den poetischen Gärten von George und Hofmannsthal artikuliert sich in unterschiedlicher Weise ein Verständnis von **Kunst als einer besonderen, der Alltagswelt enthobenen Sphäre**. Und das ist in dieser Intensität typisch für das Selbstverständnis der Lyrik der Jahrhundertwende.
- Gärten können im Unterschied zu freien Landschaftsformen als **Sinnbild für bearbeitete Natur** und damit auch für **künstlerisches Arbeiten** stehen. Was in einem Garten wächst, das braucht Pflege, Zeit und Geduld, ebenso wie ein qualitativ hochwertiges Kunstwerk.
- Weiterhin kann ein Garten als durch Menschenhand gestaltete Natur eine besondere Schönheit ausstrahlen. In der Lyrik der Jahrhundertwende war die **ästhetische Schönheit** besonders wichtig, denn sie stand in Opposition zur Welt der modernen Großstädte und zum Naturalismus, der das Hässliche zeigen wollte.
- Gärten gelten aber auch als Orte mit **hohem Symbolgehalt:** Im europäischen Kulturkreis steht die Erzählung vom **Paradies** am Anfang der Menschheitsgeschichte. Dieser Garten als ideale Ursprungslandschaft verkörpert auch eine Utopie. Die Dichter der Jahrhundertwende wollten die Kunst an die Stelle des gewöhnlichen Lebens setzen. An die Kunst band man seit der Romantik die Hoffnung, dass der Mensch den Zusammenhang zu der ihm fremd gewordenen Natur wiederfinden könne. Die poetischen Gärten der Jahrhundertwende sind **utopische Räume einer in sich abgeschlossenen Welt der Kunst** – getrennt von der Alltagswelt der Massengesellschaft.

Die Symbolik des Gartens

Sinnbild für **künstlerisches Wirken**, Dichten: gedeihende Pflanzen analog zu Dichtung; gestaltende Gärtner analog zu sprachgestalterischem Dichter

Symbol für **Kunst:** von der Alltagswelt abgegrenzt; S. George: „schwarze Blume" als Zeichen einer anorganischen, elitären Kunstwelt

Inbegriff **ästhetischer Schönheit** im Kontrast zu ungeschminkter Wiedergabe der Wirklichkeit im Naturalismus

Erinnerung **an den Garten Eden:** Paradies als Utopie, nach der man sich sehnt (bei Hofmannsthal Erinnerung an Kindheit)

Der unnatürliche Garten des Ästhetizismus bei Stefan George

In seinem Gedichtzyklus *Algabal* beschreibt Stefan George den Garten des dekadenten spätrömischen Kaisers Elagabal in dem Abschnitt *Im Unterreich* auf ungewöhnliche Weise:

STEFAN GEORGE

Im Unterreich (1892)

Mein garten bedarf nicht luft und nicht wärme.
Der garten den ich mir selber erbaut
und seiner vögel leblose schwärme
Haben noch nie einen frühling geschaut.

Von kohle die stämme. von kohle die äste
Und düstere felder am düsteren rain.
Der früchte nimmer gebrochene läste
Glänzen wie lava im pinien-hain.

Rain: seltene Bezeichnung für Ackergrenze

läste: ungewöhnlich für Lasten

Ein grauer schein aus verborgener höhle
Verrät nicht wann morgen wann abend naht
Und staubige dünste der mandel-öle
Schweben auf beeten und anger und saat.

Anger: grasbewachsenes Land

Wie zeug ich dich aber im heiligtume
– So fragt ich wenn ich es sinnend durchmaß
In kühnen gespinsten der sorge vergaß –
Dunkle große schwarze blume?[33]

Das ist genau genommen ein **Gegen-Garten**, denn alles, was einen Garten als organisch-lebendige Sphäre der Natur auszeichnet, ist hier getilgt. Die natürlichen Lebensgrundlagen wie Luft, Fruchtbarkeit der Erde, Sonnenlicht und der Wechsel von Jahres- und Tageszeiten fehlen in diesem selbst geschaffenen Unterreich. **Exklusiv** wie **dieser Ort** ist auch die **Dichtung**. Man bemerkt es an der **ungewöhnlichen Wortwahl** wie „läste" (V. 7) für Lasten oder Rain als seltene Bezeichnung für die Grenze eines Ackers. Auch vulkanische Lava, Pinienhaine und exotische Mandelöle werden genannt. Zudem grenzt George sich durch die **Kleinschreibung** der Substantive eigenwillig ab. Den Gipfelpunkt der Entfernung und **Entfremdung von der lebendigen Natur** in diesem anorganischen Garten stellt das Bild von der „schwarze[n] blume" (V. 16) dar. Die schwarze Farbe deutet auf das Künstlich-Leblose des Gartens, vielleicht auch auf den **Tod** hin. Als Symbol der romantischen Sehnsucht nach der ursprünglichen Einheit von Mensch und Natur gilt die „blaue Blume", die der Protagonist Heinrich in Novalis' Roman *Heinrich von Ofterdingen* zum Ziel seiner Sehnsucht erklärt und die er in einem Traum endlich findet.

Die schwarze Blume aus diesem selbst erbauten Unterreich des dekadenten römischen Kaisers „Algabal" bildet dazu einen bewusst gewählten, realitätsfernen Kontrast. Das priesterlich anmutende „heiligtume" (V. 13), in dem eine solche Blume am rechten Platz wäre, ist eine **finstere** und **nach außen abgeschlossene, künstliche Welt**.

Festgefügt wie die Welt „Algabals" ist auch die Form des Gedichts: Dazu gehören das recht gemächlich dahinschreitende Metrum, das Kreuzreimschema in den ersten drei Strophen und die (trochäische) Anfangsbetonung der ersten Wortsilbe als würdevolle Abrundung im jeweils letzten Vers. Das dichterische Ich scheint sich der Heiligkeit seiner Schöpfung so sicher zu sein, dass keine Sorge ihm den **Glauben an seine Berufung** rauben könnte. Diesen Eindruck vermittelt sowohl die festgefügte Form als auch der herrische, ichbezogene Einstieg: „Mein garten" (V. 1) und „Der garten den ich mir selber erbaut" (V. 2), der am Ende zum Heiligtum hochstilisiert wird (vgl. V. 13). Und doch: In der letzten Strophe stellt das lyrische Ich die Frage nach einem lebensspendenden Mittelpunkt in dieser von der Außenwelt abgeriegelten, sakralen Kunstwelt. Der Dichter richtet an sich selbst die sorgenvolle Frage nach der Erzeugung eines bezeichnenden **Symbols für seinen anorganisch-zeitlosen Kunstgarten**. Auch in der Form tritt zum Schluss eine Änderung ein: Die „Dunkle [...] schwarze blume" (V. 16) reimt sich im umarmenden Reim auf das „heiligtume" (V. 13) und erhält damit eine besondere Betonung.

Diese „schwarze Blume", die nicht gefunden werden kann wie in der Romantik, sondern erst erzeugt werden muss, ist zum Symbol für den Ästhetizismus und den **elitären Anspruch von Georges Dichtung** geworden. Doch stellt das Dichter-Ich die Möglichkeit einer solchen hermetischen Kunstwelt wie sie in „Algabals" Garten entworfen wird, am Ende offenbar selbst infrage, da es sein Nachdenken darüber als „kühne[...] gespinste[...]" (V. 15) bezeichnet. Außerdem weiß das lyrische Ich nicht, wie es eine solche Blume erzeugen soll, sodass die Umsetzbarkeit seiner exklusiven Vorstellung von Kunst fraglich bleibt.

Jugendstil und Sehnsuchtsgarten bei Hofmannsthal

Der zweite bedeutende Dichter der Jahrhundertwende, der Österreicher Hugo von Hofmannsthal, entwirft in dem folgenden 1891 veröffentlichten Gedicht nicht nur einen Kunstgarten, sondern zugleich mit diesem auch einen zweiten Garten aus der Erinnerung, der dem ersten ganz entgegengesetzt ist:

HUGO VON HOFMANNSTHAL

Mein Garten (1891)

Schön ist mein Garten mit den goldnen Bäumen,
Den Blättern, die mit Silbersäuseln zittern,
Dem Diamantentau, den Wappengittern,
Dem Klang des Gong, bei dem die Löwen träumen,

Die ehernen, und den Topasmäandern
Und der Volière, wo die Reiher blinken,
Die niemals aus dem Silberbrunnen trinken …
So schön, ich sehn mich kaum nach jenem andern,

Dem andern Garten, wo ich früher war.
Ich weiß nicht wo … Ich rieche nur den Tau,
Den Tau, der früh an meinen Haaren hing,

Den Duft der Erde weiß ich, feucht und lau,
Wenn ich die weichen Beeren suchen ging …
In jenem Garten, wo ich früher war … [34]

Topasmäander: mithilfe von Mineralschmucksteinen künstlich angelegte, an einen Flussverlauf erinnernde Ornamente

Volière: großer Vogelkäfig

Wie in Georges Gartengedicht bildet eine **strenge äußere Form** das Gerüst der Versarchitektur. Das Gedicht ist ein **Sonett**, zu untergliedern in zweimal vier und zweimal drei Verse. Nicht nur in der Form, sondern auch inhaltlich lässt sich eine Zweiteilung feststellen, denn genau in der Mitte – im siebten Vers bei den Auslassungspunkten, wenn die Erinnerung einsetzt – ist die Grenze zwischen den beiden Gärten, dem **Garten der Kunstwelt** und dem **Erinnerungsgarten**, gezogen.

Der erste Garten enthält alle **Merkmale des Jugendstils**, einer in der Malerei und der Architektur entwickelten Kunstrichtung, die sich ganz besonders im Wien der Jahrhundertwende durchgesetzt hatte. Die Natur wurde im Jugendstil in schwungvoller ornamentaler Linienführung, mit Pflanzen und Tieren, die fast tänzerische Bewegungen vorführten, kunstvoll stilisiert. Ähnlich wie bei George, mit dem **Anspruch auf äußerste Schönheit**, ist Hofmannsthals Jugendstilgarten mit **Elementen naturferner Zeitenthobenheit und Nutzlosigkeit** ausgestattet. An die Stelle lebendiger Tiere treten steinerne Tiere, die für Unwandelbarkeit und Vollkommenheit stehen. Als dekorative Elemente haben sie stark symbolischen Charakter. Löwen mit ihrer goldgelben Farbe verkörpern Sonne, Weisheit und Licht, während Vögel als klassisches Symbol für die Seele und für Unsterblichkeit stehen. Als künstliche Elemente dieses Gartens sind den steinernen Tieren natürliche Lebenstätigkeiten wie das Trinken aus dem Brunnen ebenso verschlossen, wie der Klang des Gongs für die Löwen in Wirklichkeit unhörbar ist. Der **Gong** repräsentiert ein akustisches Element neben den ansonsten rein visuell erfassten Figuren und steigert die **Exklusivität** des Gartens durch **fernöstlich-meditative Feierlichkeit**. Der Natur künstlich nachgebildet sind auch die diamantähnlichen „Topasmäander[...]" (V. 5): Mäander stellen rechtwinklige, an einen Flussverlauf erinnernde Ornamente dar. Hier geht es offenbar nur darum, einen **artifiziellen Naturraum** in seiner Schönheit zu verewigen, symbolisch aufzuladen und jenseits jeglicher praktischer Nutzanwendung zu ästhetisieren.

Von alldem ist im **anderen Garten**, von dem die beiden Terzette handeln, keine Rede mehr. Dieser Garten ist ganz anders als der erste. Er ist nur in der Form **verblasster Sinneseindrücke** vorhanden und wird angesichts der Schönheit des ersten zwar „kaum" (V. 8), aber immerhin doch noch ersehnt. Er wird nicht visuell und akustisch vergegenwärtigt wie der erste Garten, sondern durch Berührung, Geruch und im Hinblick auf den möglichen Genuss von Beeren auch durch den Geschmackssinn. Die Beeren sind natürlich, weich und stehen ganz im Gegensatz zu der ehernen Härte der Metalle im ersten Garten. Scheint der erste, künstliche Garten aller Zeitlichkeit enthoben, so existiert der zweite, **natürliche Garten nur mehr in der Fantasie**.

Auch die Sprache bildet Nichtwissen ab, indem der **Sprachfluss** durch die Auslassungspunkte mehrfach **unterbrochen** wird und die Erinnerung sich dort ins Unsagbare verflüchtigt. Man könnte also sagen, dass den beiden Gärten des Gedichts auch eine **unterschiedliche Syntax** eigen ist. Der augenfälligste Unterschied besteht dabei neben den schon erwähnten Satzbrüchen wohl in der Allgegenwärtigkeit des sinnlich erlebenden lyrischen Ich, das im Erinnerungsgarten in jeder einzelnen Verszeile vorkommt. Sein Bezug zum ersten Garten ist dagegen viel distanzierter und nur anfangs durch das Besitzverhältnis und die erklärte Schönheit des Gartens definiert.

Es scheint, als sei dieser mit den Merkmalen des Jugendstils ausgestattete Kunstgarten der wirkliche Garten, der andere aber lediglich ein Fantasiegebilde, das der Kindheit des lyrischen Ich entstammen könnte. Genau genommen ist dieser **erinnerte Garten** jedoch eigentlich das, was einen wirklichen Garten ausmacht, insofern er aus **natürlichen Elementen** besteht, die dem Jahreslauf und damit der Vergänglichkeit ausgesetzt sind. Im Gegensatz dazu verweigert sich der erste Garten jeder Zeitlichkeit und scheint Symbol einer autonomen Ästhetik zu sein, die sich selbst genug ist.

Die **Deutungsmöglichkeiten**, die über diese Beobachtungen hinausgehen, sind reizvoll und vielfältig. Mit Sicherheit ist ein solcher Kunstgarten, in dem jeder Gegenstand eine fast metaphysische Bedeutung hat, ein Gegenbild zu der als bedeutungslos und sinnlos empfundenen Alltäglichkeit in der industrialisierten und hektischen Großstadt wie es das Wien der Jahrhundertwende gewesen ist. Aber dieser Garten befriedigt offenbar keineswegs alle Ansprüche an eine solche aus der Alltagswelt herausgelöste Zone. Vielmehr weckt er die **Sehnsucht nach einem verlorenen Zustand der Sinnlichkeit**. Der Sehnsuchtsgarten könnte dann auch als ein utopischer Garten verstanden werden, in dem die elementare Einheit zwischen natürlicher Welt und Ich, die dem schönen Garten offenbar fehlt, wiederhergestellt werden kann.

Zentrale Merkmale der Naturlyrik der Jahrhundertwende

- Vielfalt an Strömungen und Stilen: Ästhetizismus, Jugendstil, Impressionismus
- Garten als poetischer Schauplatz
- Kunst als besondere, von der Alltagswelt abgehobene Sphäre: Gestaltung der Welt als Kunst
- Reflexion der künstlerischen Arbeit und ihrer sprachlichen Mitteilbarkeit
- innige Verbindung von Außenwelt und Innenwelt
- symbolische Überhöhung der Kunst durch transzendente, religiöse Elemente
- zukunftsweisende Wende durch Bruch mit sprachlichen Traditionen

2 Aufstand der Lyrik im Expressionismus

„Ein Aufstand mit Eruptionen, Ekstasen, Haß, neuer Menschheitssehnsucht, Zerschleuderung der Sprache zur Zerschleuderung der Welt. Andere Gestalten treten jetzt auf als die Landschaftsbeträumer und Blümchenverdufter, die dem deutschen Publikum als innige Poeten aufgeredet wurden.“[35]

So charakterisierte der Dichter Gottfried Benn (1886–1956) die kurze Epoche des Expressionismus (ca. 1910–1925). Man wollte – ähnlich wie im Sturm und Drang, aber unter ganz anderen geschichtlichen Vorzeichen – **mit den lyrischen Traditionen brechen** und sich auch anderen Themen zuwenden.

Die expressionistische Malerei gab den neuen Weg vor: Form und Farbe konnten rein ausdrucksmäßig eingesetzt werden und sich vom Gegenstand lösen. Das **innere Gefühl** stand über der äußeren Welt, der **Ausdruck** über dem Eindruck und durch **Pathos und Übertreibung** wurde eine größtmögliche Abweichung von der Wirklichkeit erreicht. Der Maler Paul Klee beschrieb das 1920 so: „Kunst gibt nicht das Sichtbare wieder, sondern macht sichtbar.“ Besonders in der Lyrik entdeckte man Gemeinsamkeiten mit der Malerei, aber auch in der Filmgeschichte spielte diese Bewegung eine bedeutende Rolle.

Der Expressionismus als literarisches Epochenphänomen beschränkt sich zeitlich auf ca. fünfzehn Jahre, nämlich auf die Zeitspanne von 1910 bis 1925, also die Jahre vor und nach dem Ersten Weltkrieg sowie die langen Jahre des Kriegs selbst, in dem zahllose bedeutende Künstler und Schriftsteller ihr Leben ließen.

Bis auf den Österreicher Georg Trakl hielten sich die Autoren des Expressionismus überwiegend in **Berlin** auf. Die expandierende, **moderne Großstadt** mit ihren „Aufmerksamkeitsablenkungen“ und „Schnelligkeitsrekorden“, mit ihrer „Überfülle des Erlebens“ sowie den „ungeahnten Möglichkeiten“[36] in Technik,

Naturwissenschaft und Medizin war ihre Lebenswelt. Gegen die Konventionen der ästhetischen Wahrnehmung wurde jetzt auch das **Hässliche** schonungslos dargestellt.

Die Themen, unter denen Kurt Pinthus seine 1920 herausgegebene Gedichtanthologie *Menschheitsdämmerung* versammelt hatte, lauteten „Sturz und Schrei, Erweckung des Herzens, Aufruhr und Empörung, Liebe den Menschen". Diese Schlagworte versprechen die Behandlung ganz neuer Themenfelder, die von Ich-Zerfall, Weltuntergangsvisionen und Kriegsschrecken, über Anonymität und Orientierungslosigkeit in der modernen Großstadt bis zum Ideal des neuen Menschen, der Liebe und Verbrüderung lebt, reichen.

Analog zur Blauen Blume der Romantik drückt für den expressionistischen Maler Franz Marc sein Gemälde *Blaues Pferd I* die Suche nach Erlösung von irdischer Schwere und materieller Gebundenheit aus. Auch in der Lyrik des Expressionismus kommt der Farbe Blau eine besondere Bedeutung zu.

Natur und Landschaft hatten unter solchen Voraussetzungen wenig Platz in einer Dichtung, welche die Zertrümmerung der Konvention und das Interesse am Menschen ganz oben auf ihre Fahnen geschrieben hatte. Schon das Anfangszitat von Gottfried Benn macht deutlich, dass die schöne **Natur nur noch als liebliche Fassade für eine zerrissene Welt** gesehen wird. Den Expressionisten war daran gelegen, den Schleier zu lüften und mit der ausdrucksstarken Darstellung des Wahrgenommenen zu **schockieren**.

„Sommerfrische“ – Der Bruch mit Konventionen

ALFRED LICHTENSTEIN

Sommerfrische (1911)

Der Himmel ist wie eine blaue Qualle.
Und rings sind Felder, grüne Wiesenhügel –
Friedliche Welt, du große Mausefalle,
Entkäm ich endlich dir … O hätt ich Flügel -

Man würfelt. Säuft. Man schwatzt von Zukunftsstaaten.
Ein jeder übt behaglich seine Schnauze,
Die Erde ist ein fetter Sonntagsbraten,
Hübsch eingetunkt in süße Sonnensauce.

Wär doch ein Wind … zerriß mit Eisenklauen
Die sanfte Welt. Das würde mich ergetzen.
Wär doch ein Sturm … der müßt den schönen blauen
Ewigen Himmel tausendfach zerfetzen.[37]

Der Titel dieses 1911 veröffentlichten Gedichts weckt Assoziationen von hellen Urlaubstagen mit Sonnenschein, verbreitet also eine fröhliche, gelassene und heitere Stimmung. Das Metrum des fünfhebigen Jambus, der Kreuzreim und der Strophenbau von drei Strophen zu je vier Versen signalisieren Gleichmaß und **Konvention**. Dazu steht der **Inhalt** allerdings **in schärfstem Kontrast**, denn die himmelsblaue, schöne grüne Welt der **Sommerfrische** wird verächtlich gemacht und die letzte Strophe mündet in den heftigen **Wunsch nach ihrer Zerstörung**. Bei genauerer Betrachtung ist bereits in der ersten Strophe eine Auffälligkeit zu erkennen, wenn die Himmelsbläue mit einer Qualle verglichen wird (vgl. V. 1). Nicht nur, dass die unfassbare Leichtigkeit der Luft ganz im Gegensatz zur gallertartigen Quallenmasse steht – eine Qualle kann auch Ekel und Abscheu, Schmerz und Erschrecken hervorrufen. Die Farbe Blau war zwar im Expressionismus bei Malern wie Dichtern eine positiv besetzte Farbe, die in einer Beziehung zum Kosmischen stand, jedoch ist sie hier als Adjektiv der Qualle beigestellt, was einen verfremdenden Effekt erzeugt. Dieser wird allerdings wegen des gleichmäßigen Metrums leicht übersehen. Die angedeutete Idylle (vgl. V. 2) in dieser „Sommerfrische" wird von dem Bild der ekligen Qualle gestört.

Die Irritation setzt sich fort und wird intensiviert: Die „[f]riedliche Welt" (V. 3) schert metrisch aus dem Schema des Jambus aus, ihr Frieden ist also täuschend und ihre Ansprache klingt durch die abweichende Betonung beinahe höhnisch. Sie ist als personifizierte „Mausefalle" (V. 3) nichts als ein Gefängnis, in das diejenigen geraten, die ihrem Köder nachjagen. Dieser wird in Form des „fette[n] Sonntagsbraten[s]" (V. 7) in der zweiten Strophe auch benannt. Doch zuvor distanziert sich das lyrische Ich von dieser Welt noch deutlich mit dem Wunsch, ihr zu entkommen (vgl. V. 4).

Es folgt in der zweiten Strophe die nähere Beschreibung der Welt, der das lyrische Ich gerne entkommen würde. Es wird das Bild einer allzu **behaglichen und grobschlächtigen Gesellschaft** entfaltet, die sich mit Würfelspiel die Zeit vertreibt, „[s]äuft" (V. 5) und den Sonntagsschmaus genießt. Die Perspektive ist zuerst distanziert („[m]an", V. 5; „[e]in jeder", V. 6), nimmt aber dann den Blickwinkel des saturierten Bürgers selbst ein, für den sich die Welt insgesamt in den saucengetränkten Sonntagsbraten auflöst (V. 7 f.). Die Alliteration der „süße[n] Sonnensauce" (V. 8) fügt sich dabei passend in das Bild einer selbstzufriedenen Gesellschaft ein, die zwar viel von der Zukunft redet (vgl. V. 5), aber eigentlich nichts verändern will.

Die letzte Strophe befasst sich ganz mit dem schon geäußerten Verlangen, dieser Gesellschaft zu entkommen, der nun in den **Wunsch nach äußerster Zerstörung** mündet. Die Sanftheit der Natur und das Blau des Himmels (vgl. V. 10 ff.) sind nur ein **idyllischer Schein**, der eine dekadente, bürgerliche Gesellschaft umhüllt. Es bedarf eines heftigen Unwetters, um ihrem unerträglichen Treiben ein Ende zu bereiten. Die **Naturbilder symbolisieren** hier also **Gesellschaftliches**. Ebenso wie die „Sommerfrische" auf das selbstzufriedene Dasein der Bürger deutet, so stehen Wind und Sturm für dessen Zerstörung. Zwei grammatisch parallele Wunschäußerungen in der letzten Strophe leiten diese Gedanken ein und lassen durch die Punkte einen Leerraum für die Fantasie (vgl. V. 9 und 11). Die Metaphorik der „Eisenklauen" (V. 9) steht für die zerstörerische Heftigkeit eines solchen herbeigesehnten Windes. Das Bild des Sturms wird am Schluss gesteigert: Der blaue Himmel soll in seiner Ewigkeit, sozusagen endgültig und zudem noch „tausendfach" (V. 12), zerfetzt werden.

Die expressionistische Lyrik stellt den Aufenthalt in freier Natur keineswegs als Fluchtraum aus großstädtischer Enge und Hektik dar. Vielmehr werden die inneren und äußeren Konflikte, Leidens- und Schmerzenserfahrungen dorthin mitgenommen. Alfred Lichtenstein behandelt in *Sommerfrische* ein typisch expressionistisches Thema: Der **Abscheu des lyrischen Ich vor der saturierten bürgerlichen Gesellschaft**. So wie er sie in den ersten beiden Strophen beschreibt, gibt es aus dieser Welt **kein Entrinnen**, sie ist allgegenwärtig, schließt Himmel und Erde ein.

Die **Assoziation des Ersten Weltkriegs** ist bei solcher Lektüre gar nicht zu vermeiden, auch wenn dieser erst drei Jahre später beginnen sollte. Es war genau der Ekel vor der Gesellschaft und das Gefühl, insgesamt einer reinigenden und geradezu martialischen Erneuerung zu bedürfen, die viele expressionistische Künstler im Sommer 1914 dazu trieb, den Krieg zu glorifizieren und sich freiwillig zum Fronteinsatz zu melden. Das Gedicht *Sommerfrische* stellt dieses zutiefst expressionistische Lebensgefühl anschaulich dar.

Zentrale Merkmale der Naturlyrik des Expressionismus

Intention

- keine reine Abbildung, sondern Sichtbarmachung der Wirklichkeit
- hoffnungsvolle Zukunftserwartungen, gleichzeitig apokalyptische Weltuntergangsvisionen
- Darstellung des Hässlichen und Schrecklichen

Naturverständnis

- Natur und Poesie keine vom Leben abgrenzbaren Schutzräume mehr
- Durchbrechen von Erwartungen und Normen: Entlarvung der idyllischen Natur als falscher Schein einer dekadenten, bürgerlichen Gesellschaft
- individuelle Leidenserfahrungen durch subjektiv verfremdete Naturbilder ausgedrückt
- inneres Erleben als Ursprung für jeglichen Ausdruck: Veränderung des realen Naturbilds bis zur Unkenntlichkeit

Formales

- intensive Farben ohne Gegenstandsbezug
- unpoetisches, alltägliches, teilweise derbes Vokabular
- Ablehnung traditioneller Formen: Unregelmäßigkeiten in Vers- und Strophenbau, Brüche (vor allem zwischen Form und Inhalt), deklamatorisches Sprechen

3 Naturlyrik der 30er- bis 50er-Jahre

„Wenn unsere Arbeit nicht als Kritik verstanden werden kann, als Gegnerschaft und Widerstand, als unbequeme Frage und als Herausforderung der Macht, dann schreiben wir umsonst, dann sind wir positiv und schmücken das Schlachthaus mit Geranien.“[38]

Das schrieb 1959 der Lyriker Günter Eich. Seine Bemerkung zeigt eine Grundtendenz der Naturlyrik im fortgeschrittenen 20. Jahrhundert: **Natur und Politik** rücken näher zusammen. Es wird schwerer, einen wie auch immer gearteten Naturgenuss zu pflegen, ohne nicht zugleich auf den gesellschaftlichen und politischen Kontext Bezug zu nehmen. Andernfalls macht man sich einer Haltung verdächtig, wie sie von Günter Eich abgelehnt wird: Man trägt dazu bei, eine unmenschliche Wirklichkeit zu ignorieren, indem man sie beispielsweise mit schönen Blumen verhängt.

In den **30er-Jahren** des 20. Jahrhunderts erlebte die (**unpolitische**) **Naturlyrik** zunächst eine Renaissance, die bis in die Nachkriegszeit andauerte. Sie bildete ein Sammelbecken für rückwärtsgerichtete Vorstellungen. Man konstruierte sich in der Natur eine „**heile Welt**“, die wenigstens etwas Trost und bestenfalls Glück und Orientierung in der hochkomplexen, industrialisierten Moderne bieten sollte. Diese Orientierung an der Vergangenheit wird auch **lyrischer Traditionalismus** genannt.

In den Jahren des Nationalsozialismus und des Zweiten Weltkriegs war die Naturlyrik ein geeignetes Medium für den **Rückzug aus der Politik** und die „**Innere Emigration**“ der in Deutschland verbliebenen Dichter. „Innere Emigration“ bedeutet, dass die Schriftsteller im Land blieben, sich aber in ihren Texten trotz einer scheinbar unpolitischen Haltung der Partei und der Blut-und-Boden-Ideologie der Nationalsozialisten verweigerten wie W. Bergengruen, O. Loerke und W. Lehmann.

Unter denjenigen, die auch äußerlich emigrieren, also ins Exil gehen mussten, befand sich der 1898 in Augsburg geborene Bertolt Brecht.

Nach dem Krieg wurde die **Naturlyrik zum Zufluchtsort** einer entnazifizierten und politikverdrossenen Gesellschaft in dem sich neu formierenden, konservativen CDU-Staat der Adenauer-Ära. Aber es finden sich auch immer mehr **kritische Ansätze** in den publizierten Gedichten. Diese Entwicklung bilden die folgenden Gedichte ab.

Naturmagie und lyrischer Traditionalismus bei Georg Britting

Das folgende Gedicht von Georg Britting (1891–1964) kann als Beispiel aus dem Umkreis des „Magischen Realismus" gesehen werden, der in den 30er-Jahren einsetzte und als naturmagische Dichtung bis in die Nachkriegszeit fortdauerte. Außerdem steht es exemplarisch für den lyrischen Traditionalismus, der die Lyrik weiterhin unpolitisch verstanden wissen wollte.

Georg Britting

KRÄHENSCHRIFT (1941)

Die Krähen schreiben ihre Hieroglyphen
In den Abendhimmel, in den bleichen:
Wunderliche, schnörkelhafte Zeichen,
Tun geheimnisvoll mit ihren schiefen
Schwarzen Flügen.
Was sie schreiben, ob es uns betrifft?
Wer es deuten könnte, wär ein weiser Mann.
Ach, der Anblick nur muß uns genügen!

Hilflos sind wir vor der schwarzen Schrift
An der bleichen Himmelswand,
Wie ein Kind, das noch nicht lesen kann,
Und das Blatt verkehrt hält in der Hand.[39]

Das Grundmotiv des Gedichts stammt noch aus der Epoche der Aufklärung: **Natur als Schrift**, Natur als Buch, in dem man nur zu lesen braucht, um die Welt zu verstehen. Die **Vögel als Träger von Botschaften** sind zudem ein sehr altes Sinnbild der Verbindung von Irdischem und Überirdischem. Aber hier sind die Zeichen unbekannt, es sind **Hieroglyphen** oder **Chiffren**, die nicht zu entschlüsseln sind. Das Motiv der Krähenschrift oder der Himmelszeichen, die von Vögeln gegeben werden, taucht in der Lyrik der 30er- bis 50er-Jahre häufig auf. Der Mensch erkennt sich darin nicht wieder, sondern die **Natur spricht eine fremde Sprache**. Ihre unverständlichen Zeichen müssen erst gedeutet und entschlüsselt werden. Eine magische Verbindung zwischen den Schriftzeichen und dem Menschen ist nicht auszuschließen (Strophe 2). Die Naturzeichen stehen möglicherweise in einem engen **Wirkungsverhältnis zum Menschen**, sie könnten eine gewisse Macht über ihn ausüben, die er aber nicht kennt, da er den Zeichen als Fremder gegenübersteht (V. 6 und 8). Von der „schwarzen Schrift" (V. 9) geht deshalb eine gewisse **Bedrohlichkeit** und Verstörung aus, die das lyrische Wir (V. 9), den Menschen im Allgemeinen, hilflos erscheinen lässt wie ein der Schriftsprache nicht kundiges Kind (Vergleich in V. 11 f.). Die Anzahl der Verse ist nicht zufällig. Die Zahl 12 spielt in Kunst und Mythologie eine herausragende Rolle. Somit ist die **Zahlensymbolik** auch hier fester Bestandteil der Naturmagie mit ihrer Hieroglyphenschrift. Das Besondere am magischen Realismus ist, dass dabei Wunderliches und **Rätselhaftes mit dem Alltäglichen** ganz natürlich **verknüpft** wird. Dies lässt sich auch in Brittings Gedicht feststellen, in dem der real zu beobachtende Vogelflug mit magischer Zeichenhaftigkeit aufgeladen wird.

Das Motiv der schuldigen Landschaft

Bedrohlich wirkt die Natur auch bei Peter Huchel (1903–1981) in folgendem Gedicht:

PETER HUCHEL
Späte Zeit (1933)

Still das Laub am Baum verklagt.
Einsam frieren Moos und Grund.
Über allen Jägern jagt
hoch im Wind ein fremder Hund.

Überall im nassen Sand
liegt des Waldes Pulverbrand,
Eicheln wie Patronen.

Herbst schoß seine Schüsse ab,
leise Schüsse übers Grab.
Horch, es rascheln Totenkronen,
Nebel ziehen und Dämonen.[40]

Als Charakteristikum der Naturlyrik Peter Huchels hat der Literaturwissenschaftler Hermann Korte den Begriff „**Schuldige Landschaft**“[41] verwendet. Damit ist gemeint, dass Huchels **Landschaften zeichenhaft** sind für **Kriegsverbrechen** und andere historische Gewalttaten, die sich in diesen Landschaftsräumen abgespielt haben.

Auch im Gedicht *Späte Zeit* aus dem Jahr 1933 wirkt die **Natur verstört** (V. 1 und 2) und trägt die Merkmale von **Gewalt und Tod** (V. 6, 8–11). Der erste Vers ist doppeldeutig: „[D]as Laub […] verklagt“ kann sowohl bedeuten, dass es verklagt wurde, als auch, dass es zur Anklage bereit ist. Das Auftauchen eines solchen Wortes gleich im ersten Vers macht von Beginn an klar, in welchem inhaltlichen Kontext das Gedicht steht: Es geht um **Anklage und Schuld**. Dieser Eindruck setzt sich in den folgenden Versen fort, in denen von der einsam frierenden Erde (vgl. V. 2) und den metonymisch als „Jäger“ (V. 3) beschriebenen Wolken die Rede ist. Auf eine Reihe von **herbstlichen Jagd- und Naturwahrnehmungen** (vgl. V. 3–7) folgen unheimliche Ahnungen, die durch akustische und optische Eindrücke („rascheln“, „Nebel“) gestützt sind (vgl. V. 10 f.). Auch in diesem Gedicht herrscht eine **magische Atmosphäre:** Die Sätze sind kurz und die einzelnen Satzabschnitte fallen überwiegend mit den Versenden zusammen. Sie wirken wie **Formeln der Beschwörung** und Bannung einer gefährdeten und gefährlichen Natur. Diese Bilder verweisen subtil auf die **reale Gefährdung** durch die historischen Ereignisse des Entstehungsjahres **1933**. Hier wie in Huchels späterer Dichtung ist charakteristisch, dass sich der **Natur die Spuren menschlicher Gewalt** derart **eingeprägt** haben, dass sie keinen Freiraum der Unberührtheit oder der Unschuld mehr bietet. Insofern ist selbst die Landschaft schuldig.

Peter Huchel gehörte neben Günter Eich und Karl Krolow auch zu den bedeutendsten naturlyrischen Autoren nach dem Zweiten Weltkrieg. Er lebte und arbeitete bis zu seiner Ausreise 1971 in der DDR.

Politische Naturlyrik im Exil bei Bertolt Brecht

Die Ignoranz vieler Autoren gegenüber dem unmittelbar zurückliegenden Schrecken zweier Weltkriege und dem Nationalsozialismus veranlassten den aus den USA zurückkehrenden Sozialphilosophen Theodor W. **Adorno** in seinem 1951 erschienenen Essay *Kulturkritik und Gesellschaft* zu dem Ausspruch: „**Nach Auschwitz ein Gedicht zu schreiben, ist barbarisch.**“ Er hatte dabei die naturlyrischen Gedichtsammlungen der Nachkriegszeit vor Augen, in denen es von botanischen Betrachtungen und tröstlichen Lobgesängen auf eine heile Welt nur so wimmelte. Doch es gab einen Autor, der schon vor dem Krieg in den Dreißigerjahren aus der Perspektive seines skandinavischen Exils das **Verhältnis von schöner Poesie und Fa-**

schismus sehr scharfsichtig in seiner Lyrik thematisierte: Bertolt Brecht (1898–1956). Für den **Marxisten** Brecht waren das Verhältnis von Mensch und Natur sowie der gesellschaftliche Standort der Poesie durchgängig von Interesse. Damit setzt sich auch das folgende, im Jahr 1939 verfasste Gedicht auseinander:

Das Gedicht	**Inhalte**	**Gute Zeit = A, schlechte Zeit = B, Lyrik = C**
Schlechte Zeit für Lyrik	Ein Widerspruch	(B und C)
Ich weiß doch: nur der Glückliche Ist beliebt. Seine Stimme Hört man gern. Sein Gesicht ist schön.	Glück Sprache (Lyrik) menschliche Schönheit	A, C
Der verkrüppelte Baum im Hof Zeigt auf den schlechten Boden, aber Die Vorübergehenden schimpfen ihn einen Krüppel Doch mit Recht.	Verdorbene Natur, Invalidität	B
Die grünen Boote und die lustigen Segel des Sundes Sehe ich nicht. Von allem	Idylle	A
Sehe ich nur der Fischer rissiges Garnnetz.	Armut	B
Warum rede ich nur davon	Lyrik	C
Daß die vierzigjährige Häuslerin gekrümmt geht?	Ausbeutung	B
Die Brüste der Mädchen Sind warm wie ehedem.	Liebe	A
In meinem Lied ein Reim Käme mir fast vor wie Übermut.	lyrischer Gesang, gute Laune, Stimmung	C, A
In mir streiten sich Die Begeisterung über den blühenden Apfelbaum	Naturschönheit versus	A
Und das Entsetzen über die Reden des Anstreichers.	Kriegsgefahr	B
Aber nur das zweite Drängt mich, zum Schreibtisch.[42]	als Schreibgrund	B, C

Das Gedicht, das 1956 in Brechts Todesjahr publiziert wurde, also erst nach Adornos Behauptung, dass Lyrik sich nicht mit barbarischen Verhältnissen vertrage, liest sich fast wie eine Begründung dieses Satzes. Allerdings hatte Brecht damals nicht den Holocaust vor Augen, der noch nicht stattgefunden hatte, sondern er spielt ganz konkret auf die **Propaganda Hitlers** und die reale **Kriegsgefahr 1939**, dem Jahr des Kriegsausbruchs, an: Das ist mit dem „Entsetzen über die Reden/des Anstreichers" (V. 25 f.) gemeint. Der „**Anstreicher**" ist in der Stilfigur der Metonymie eine Bezeichnung für den ehemaligen Postkartenmaler **Adolf Hitler**. Durch die Wahl dieser Bezeichnung schafft Brecht einen Verfremdungseffekt, denn der Begriff des Anstreichers erzeugt zunächst Assoziationen, die nicht politischer Art sind: Doch obwohl er sich einer Kunst gewidmet hat, ist er paradoxerweise gefährlich, da er zu kriegerischem und verbrecherischem Handeln aufruft. Außerdem teilt sich mit dem Begriff auch die Komponente des **Lügenhaften** mit, da man damit einer Sache einen bestimmten Anstrich gibt und ihr eine andere Farbe verpasst als sie in Wahrheit hat.

Das Gedicht besteht aus sechs Strophen ungleicher Länge, es enthält keine Reime und der Rhythmus ist unregelmäßig, ein Verfahren, das Brecht in einem kurz zuvor geschriebenen Aufsatz als notwendig darstellte, um nicht die schlechten gesellschaftlichen Verhältnisse durch schöne Lyrik zu verschleiern oder zu verdrängen. Eine Lyrik, die von den **Missständen in Politik und Gesellschaft** spricht, ist wie ein „verkrüppelte[r] Baum" (V. 5), der auf „den schlechten Boden" (V. 6) zeigt. Das Gedicht spricht von eben diesem schlechten Boden, also von den Verhältnissen, unter denen sich kein wirklicher Kunstgenuss und damit **keine Lyrik in Wohlklang und Reim** entfalten kann. Die Kunst ist also kein exklusiver, gegengesellschaftlicher Raum wie im Ästhetizismus um 1900 und keine „schöne, heile Welt" wie in der Naturlyrik vieler Zeitgenossen Brechts.

Das Gedicht benennt die sozialen Komponenten dieses „schlechten Boden[s]“ (V. 6), nämlich die **Armut und Ausbeutung der Menschen**. Dazu kommt die politische Misere, nämlich Hitlers ideologische Reden vom nächsten **Weltkrieg** (B).

Das Gedicht spricht aber auch durchgängig und ausgiebig jene Themen an, die in guten Zeiten eine **wohlklingende Lyrik** im Sinne der klassischen Urform des Lieds (vgl. V. 20) ermöglichen würden (A). Es handelt von der **schönen Natur**, und zwar zuallererst von der des menschlichen Antlitzes, aber auch von der idyllischen dänischen Küstenlandschaft (vgl. V. 10 f.), die vom friedlichen, menschlichen Leben und von der zeitlos bestehenden Möglichkeit der Liebe („wie ehedem“, V. 19) erfüllt ist.

Auffällig ist der inhaltliche **Gegensatz zwischen Sozialkritik und Naturschönheit** sowie der **formale Gegensatz** zwischen unregelmäßigen, ungereimten Versen und lyrischem Wohlklang, von dem in diesem Gedicht die Rede ist. Der Gegensatz wird erreicht durch das Stilmittel der Praeteritio, ein paradoxes Verfahren, bei dem man zwar vorgibt, ein Thema aussparen zu wollen, es aber gerade durch diese Ankündigung thematisiert. Dies verdeutlichen die folgenden zwei Beispiele:

Der Autor hebt die dänische Küstenidylle („Die grünen Boote und die lustigen/Segel des Sundes“, V. 10 f.) durch den Zeilensprung in Vers zwölf hervor und streicht das Gesehene mit der syntaktisch-grammatischen Fortsetzung des Satzes im folgenden Vers gleich wieder durch, indem er behauptet, das Beschriebene gar nicht zu sehen („Sehe ich nicht“, V. 12). Der folgende Strophensprung lenkt mit der anaphorischen und syntaktischen Parallele „Sehe ich nur“ (V. 13) den Blick auf den äußersten Gegensatz zur stimmungsvollen Landschaft, die soziale Misere, für die die Armut der Fischer steht (vgl. V. 13 f.).

Ähnlich paradox ist es, ausgerechnet den Vers, in dem vom Reimverbot die Rede ist, mit den Binnenreimen der „i“- und „ei“-Vokale anzureichern (vgl. V. 20).

Wie vielen anderen Dichtungen Brechts liegt auch diesem Gedicht das am marxistischen Denken des Autors geschulte Bauprinzip eines **dialektischen Dreischritts** zugrunde, der aus **These, Antithese und Synthese** besteht.

Zur Dialektik in „Schlechte Zeit für Lyrik“

These		**Antithese**
Themen: Schönheit der Natur und des Menschen; Liebe	Widerspruch ←→ Dialektik	Themen: politisch-gesellschaftliche Missstände (Armut, Ausbeutung); Kriegsdrohung Hitlers
Form: Reime (nur erwähnt)	Paradox: Gedicht ←→ über Unmöglichkeit von Lyrik	Form: unregelmäßige, ungereimte Verse; nüchterne Sprache
traditionelle Lyrik		Lyrik, die Zeitumständen gerecht wird

↓

Synthese
lyrisches Ich wird zum Schreiben gedrängt
Beitrag zur Erneuerung/Verbesserung der Gesellschaft
→ Hoffnung auf Rückkehr der guten Zeit für Lyrik

Die Schlussstrophe handelt in der Art eines Resumées vom inneren Widerstreit der Gefühle des lyrischen Ich zwischen dem **Enthusiasmus über die Schönheit der Frühlingsnatur** (A) und dem **Entsetzen über die drohende Kriegsgefahr** (B), welches das lyrische Ich letztendlich zum **Schreiben** drängt (C). Obwohl von der schönen Natur gesprochen wird (A), wird dieses Thema als Gegenstand der Lyrik angesichts der schlechten sozialen und politischen Verhältnisse als Schreibgrund zugleich wieder verneint (vgl. V. 27 f.). Doch in dieser Verneinung ist das Bewusstsein vom ungetrübten Natur- und Lebensgenuss aufbewahrt und enthalten (A und B). Nur indem das lyrische Ich von der negativen, der „[s]chlechte[n] Zeit für Lyrik“ (Titel) spricht, kann es die Bedingungen und den Boden bereiten für Verhältnisse, in denen Naturgenuss und Liebe wieder gelebt werden können (C). Dichtung unter den Bedingungen des Faschismus bewegt sich nicht in einem Freiraum. Sie muss ihre negativen Voraussetzungen reflektieren und benennen, um sie – als dritten und letzten Schritt innerhalb der Dialektik – schließlich überwinden zu können.

Was Adorno nach dem Krieg im Rahmen eines Essays aussprach, die Unmöglichkeit, nach den historischen Schrecken des Jahrhunderts weiter Gedichte zu schreiben, das ist in dem Gedicht *Schlechte Zeit für Lyrik* von Brecht bereits vor dem Zweiten Weltkrieg reflektiert worden. Und das Problem entzündet sich, wie hier bei Brecht so auch in den Jahrzehnten nach dem Krieg, ganz besonders am Naturgedicht, das immer im Verdacht stand, eine schöne Welt vorzugaukeln und die wirklichen Verhältnisse zu verschleiern.

Als Brecht nach dem Zweiten Weltkrieg aus dem Exil zurückkehrte und sich in der SBZ, der späteren DDR, niederließ, hegte er die Hoffnung, dass durch den Sozialismus die Bedingungen für eine gerechte Gesellschaft und damit auch eine „gute Zeit“ für Lyrik und andere Künste geschaffen werden könne. Dass die Realität dieser Hoffnung nicht standhielt, ist beispielsweise nachzulesen in dem Naturgedicht *Böser Morgen* aus den in den 50er-Jahren entstandenen *Buckower Elegien*.

Hermetische Naturlyrik bei Ingeborg Bachmann

Nach dem Zweiten Weltkrieg entwickelte sich eine neue Form der Lyrik, die auch für das Naturgedicht von Bedeutung sein sollte, die sogenannte hermetische Lyrik. Hermetisch werden Gedichte genannt, deren Bedeutungsebene sich dem unmittelbaren Verständnis entzieht. Zur hermetischen Lyrik gehört die sogenannte **Chiffre** als Stilfigur der modernen Lyrik. Das kann ein Begriff sein, der von seiner ursprünglichen Bedeutung vollkommen abweicht oder eine Wortverbindung, die auf andere ungewohnte und eigenwillige Inhalte verweist. Es entsteht so ein Bedeutungsgefüge, das sich dem direkten Zugang „hermetisch“ verschließt. **Schwerverständlichkeit** und **Dunkelheit**, diese Merkmale zeichneten schon die Lyrik des Symbolismus und des Expressionismus aus und setzten sich nach dem Nationalsozialismus bei Autoren wie Rose Ausländer, Gottfried Benn, Paul Celan, Ingeborg Bachmann, Nelly Sachs und Johannes Bobrowski in den 50er- und 60er-Jahren vollends durch.

Wie man an den Namen erkennt, meldeten sich nach dem Krieg verstärkt auch weibliche Stimmen in der Lyrik öffentlich zu Wort. Unter diesen erlangte besonders die österreichische Dichterin Ingeborg Bachmann (1926–1973) frühen Ruhm. Für ihre Gedichtbände *Die gestundete Zeit* (1953) und *Anrufung des großen Bären* (1956) erhielt sie in den 50er-Jahren bereits namhafte Literaturpreise. Das folgende Gedicht entstammt dem zuletzt genannten Zyklus:

INGEBORG BACHMANN

Die große Fracht

Die große Fracht des Sommers ist verladen,
das Sonnenschiff im Hafen liegt bereit,
wenn hinter dir die Möwe stürzt und schreit.
Die große Fracht des Sommers ist verladen.

Das Sonnenschiff im Hafen liegt bereit,
und auf die Lippen der Galionsfiguren
tritt unverhüllt das Lächeln der Lemuren.
Das Sonnenschiff im Hafen liegt bereit.

Wenn hinter dir die Möwe stürzt und schreit,
kommt aus dem Westen der Befehl zu sinken;
doch offnen Augs wirst du im Licht ertrinken,
wenn hinter dir die Möwe stürzt und schreit.[43]

Lemuren: Schattengeister der Verstorbenen

In der modernen Lyrik findet man sich am besten zurecht, wenn man nicht versucht, einzelnen, mitunter rätselhaften Bildern vorschnell einen möglichen Sinn zuzuschreiben. Man findet häufig einen Zugang zum jeweiligen Gedicht, indem man einfach dessen eigentümliche **Bauart** und **Wortwahl** sowie seine **Besonderheiten** auf sich wirken lässt.

In diesem Gedicht ist es vor allem die Bauart der **Kehrzeilenstrophik**, die ins Auge fällt: Zuerst wird in der ersten Strophe der Anfangsvers als Schlusszeile wiederholt. Die Binnenverse dieser Strophe bilden aber auch das Material der folgenden beiden Strophen, indem der zweite Vers zur Rahmenzeile der zweiten, der dritte zur Rahmenzeile der letzten Strophe wird. Den wohlgeordneten Bauplan rundet das **strenge metrisch-rhythmische Gefüge** und der **Zeilenstil** ab. Was aber wird durch die Kehrzeilenstrophik bewirkt?

Die Zeilen erhalten in ihrer Wiederkehr in verschiedenen Zusammenhängen eine unterschiedliche Gewichtung. Die Rahmenzeilen der ersten beiden Strophen sind jeweils geschlossene Sätze, die am Strophenanfang in den folgenden Kontext eingebunden sind und am Strophenende isoliert für sich stehen. In der letzten Strophe wird das Prinzip abgewandelt, indem die Rahmenzeile als Nebensatz sowohl in der Anfangs- als auch in der Schlusszeile einem Hauptsatz vor- bzw. nachgeordnet wird. Dadurch ist die **dritte Strophe** wie in einem Zauberspruch **magisch herausgehoben**. Was bedeutet das aber für den Inhalt?

In der ersten Strophe wird ein Bild entworfen, die **Ausfahrt eines Frachtschiffes** aus einem Hafen, das von den dabei üblichen Möwen begleitet wird, was zunächst scheinbar keine tiefere Bedeutung hat. Man begreift, dass diese Ausfahrt als Metapher für eine Jahreszeit steht, das **Ende des Sommers**. Diese Metapher füllt sich allmählich mit immer mehr Bedeutung: Bereits in der zweiten Strophe werden Assoziationen an ein **Totenschiff** geweckt. Sie werden erzeugt durch die Verbindung

Tendenzen der Naturlyrik in den 30er- bis 50er-Jahren

Naturmagie
- Rätselhaftes mit Alltäglichem verbunden
- Natur als Buch, das nicht mehr vom Menschen entschlüsselt werden kann (Hieroglyphen)

Natur als schuldige Landschaft
- Naturräume von Krieg, Gewaltverbrechen geprägt
- Bedrohlichkeit (versteckter Hinweis auf Bedrohung im NS-Regime)

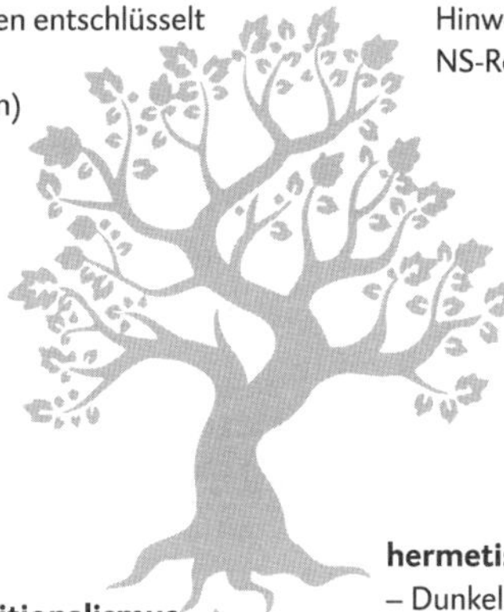

politische Naturlyrik
- keine klangvolle Poesie angesichts politischer Missstände, Kriegsgefahr
- Verzicht auf formalen Schmuck
- Brecht: marxistischer Ansatz (Dialektik)

lyrischer Traditionalismus
- Orientierung an Vergangenheit (konservative Haltung)
- Stilisierung der Natur zu Fluchtpunkt
- mithilfe von Natur philosophische Lehre darstellen

hermetische Naturlyrik
- Dunkelheit der Aussage: entzieht sich Verständnis
- Einsatz von Chiffren: Unsagbares darstellen
- Kritik an restaurativer Nachkriegsgesellschaft, an der durch NS-Regime korrumpierten Sprache

mit den Lemuren, Schattengeistern der Verstorbenen, und den Galionsfiguren, die am Schiffsbug angebracht sind und der Abwehr von Gefahren dienen sollen.

Der temporale Nebensatz „wenn hinter dir die Möwe stürzt und schreit“ (V. 9, 12) rahmt in der letzten Strophe das verhängnisvolle und unausweichliche Schicksal des **Schiffsuntergangs** ein. „[D]er Befehl zu sinken“ (V. 10) aus dem Westen, also von dort, wo die Sonne untergeht, wird ausgerechnet in dem Moment kommen, wo alles zur Abfahrt bereit ist (vgl. V. 2 f.). Schreien, sinken und ertrinken sind die Verben, mit denen in der letzten Strophe die einzelnen Verse enden. Abgemildert wird dieser unwiderruflich zu erwartende Schicksalsspruch, der den Untergang andeutet, durch den Einwand „doch offnen Augs wirst du im Licht ertrinken" (V. 11). Das Adverb „doch" zeigt einen Gegensatz an, einen **Widerstand**, den das von einem unbekannten Sprecher angesprochene **lyrische Du** dem Untergang entgegenhalten wird, indem es – fast lustvoll und im Angesicht der Fülle des Lebens – im Licht ertrinkt.

In Bachmanns beiden Gedichtzyklen *Die gestundete Zeit* und *Anrufung des großen Bären* findet man häufig vieldeutige **Katastrophenahnungen**, die sich mit Spuren der Hoffnung oder Zeichen des Widerstands mischen. **Natur** steht in diesen Gedichten nicht für sich selbst oder einfach für Seelisches, sondern sie ist als Chiffre **immer in einen größeren Verweisungszusammenhang eingebettet**, der hinsichtlich seiner Entschlüsselung offen ist.

Ingeborg Bachmann und Paul Celan teilten mit weiteren von der Erfahrung des Nationalsozialismus geprägten Dichtern die Ansicht, dass nach 1945 die Chance eines Neubeginns nicht wirklich genutzt worden sei, ja, man war der Auffassung, wiederum in einer Zwischenkriegszeit zu leben, und wollte den **restaurativen Tendenzen der Zeit Widerstand leisten**. Die Dichter **kritisierten** mit ihrem bewusst distanzierten, „hermetischen" Gebrauch der Sprache auch die **Sprache des Nationalsozialismus** und deren Kontinuität in der Nachkriegszeit. Sie wollten nicht in Prosa übersetzt werden, sondern verweigerten sich der „Anmaßung, die Welt zu definieren", wie Bachmann es formulierte. Insofern war auch die hermetische Dichtung im Ansatz **nicht unpolitisch**. Bachmann war darüber hinaus der Ansicht, dass das, worum es eigentlich geht, unsagbar sei. Aus diesem Grund hörte sie in den 60er-Jahren auch vollständig auf, Gedichte zu schreiben, die ihr zu kunstreich, zu geschlossen und zu formvollendet erschienen.

Zentrale Merkmale der Naturlyrik der 30er- bis 50er-Jahre

- Renaissance der Naturlyrik nach dem Zweiten Weltkrieg: Natur als überzeitliche Größe und als Gebiet des geistigen Rückzugs
- Beschwörung einer „heilen Welt" in der Naturlyrik
- Gedichte mit zeichenhaft-verschlüsselter, magischer Seite
- sprachmagische Beziehung zwischen Mensch und Natur: Natur als Universalchiffre für menschlich Bedeutsames
- Landschaft nicht frei von Gewalttaten: Erinnerungen und Befürchtungen hinsichtlich menschlicher Gewalt und Krieg
- Naturlyrik als Politikum: Politik als Motivation zum Schreiben; Unvereinbarkeit von schöner Lyrik, sozialer Ungerechtigkeit und politischer Gewalt
- hermetisch-schwer verständliche Richtung der Lyrik als Ausdruck eines gesellschaftlichen Krisenbewusstseins, einer generellen Verunsicherung und Sprachskepsis

4 Gespräche über Bäume – Von der Naturlyrik zum Umweltgedicht in den 60er- bis 80er-Jahren

In den 60er-Jahren bedeutete das Schreiben eines Gedichts, *„sich im lyrischen Text der Wirklichkeit zu stellen und diese offenzulegen."*[44] Mit dieser neuen Hinwendung zur Realität war die Kritik der aktuellen politischen und gesellschaftlichen Lage gemeint, wie beispielsweise die kapitalistische Ausbeutung im Westen und der bürokratische Sozialismus im Osten. Die Lyriker entwickelten nun neue ästhetische Ansprüche an **sprachliche Klarheit und Verständlichkeit**, die sich gegen den Hermetismus der Nachkriegszeit richteten. Das **lyrische Schreiben wurde versachlicht**. Der Dichter hieß jetzt Literaturproduzent und schrieb Texte, nicht Poesie. Die Lyrik wurde insgesamt **politisch** und **gesellschaftskritisch**.

In dieser Zeit erzeugte die Westintegration der Bundesrepublik ein starkes Interesse an den politischen Vorgängen in den USA. Der Vietnamkrieg geriet ins Blickfeld der öffentlichen Kritik, was auch dadurch bedingt war, dass die schreckliche Wirklichkeit des Kriegs sich anschaulich über das Fernsehen verbreitete, das mittlerweile in fast allen privaten Haushalten vorhanden war. Darüber hinaus fand eine politische Auseinandersetzung mit den personellen und strukturellen Kontinuitäten in der Bundesrepublik seit dem Nationalsozialismus statt, die in der Studentenbewegung von 1968/1969 schließlich einen Höhepunkt erreichte. In der DDR formierte sich parallel dazu die Kritik an staatlichen Bevormundungen und Beschränkungen der Meinungsfreiheit.

In den 70er- und 80er-Jahren erlangte die zunehmende **Politisierung des Themas „Natur“** in der Öffentlichkeit für die Naturlyrik eine entscheidende Bedeutung. Die allgegenwärtige industrielle Wirtschaftsweise zeigte katastrophale Auswirkungen auf die Umwelt. Die **Partei der „Grünen“** formierte sich in den 80er-Jahren aus dem Widerstand gegen die Kernenergie. Deren Name ist Programm: Es geht um die **Erhaltung der natürlichen Ressourcen**. Themen wie Waldsterben, Luft- und Wasserverschmutzung, Verbauung des Naturraums und Atomkraft beschäftigten die Öffentlichkeit und machten auch vor der bis dahin schon längst politisierten Lyrik nicht halt.

Die Entwicklung der Naturlyrik in diesen drei Jahrzehnten lässt sich exemplarisch an einem fortlaufenden **„Gespräch über Bäume“** verfolgen, das seinen Ausgang von dem Zitat dreier

Verse aus Bertolt Brechts im dänischen Exil entstandenen Gedicht *An die Nachgeborenen* (1934 –1938) nimmt:

„Was sind das für Zeiten, wo
Ein Gespräch über Bäume fast ein Verbrechen ist.
Weil es ein Schweigen über so viele Untaten einschließt!“[45]

Die Vorstellung, man könne sich angesichts „finsterer Zeiten“, nämlich nationalsozialistischer Ideologie und drohendem Weltkrieg, in eine **„heile Welt“** zurückziehen, wird **als Illusion** entlarvt. Das **Politische ist zu einer Totalität geworden**, es umgreift die einstigen Refugien wie etwa die Natur und das Exil, aus dessen Perspektive Brecht sich hier als lyrisches und autobiografisches Ich an andere Emigranten und „Nachgeborene“ wendet.

Im 18. Jahrhundert hatte die Literatur ganz allgemein die Absicht, zu belehren. In der Naturlyrik wollte man dem Leser die Augen für die sichtbare Schönheit der Natur öffnen. Damit wirkte man aufklärerisch und emanzipatorisch, denn es handelte sich dabei um eine jedermann zugängliche Erkenntnis. Im 20. Jahrhundert beabsichtigte **Brecht** nicht weniger, mit seiner **Lyrik lehrhaft** und klar verständlich **auf ein breites Publikum einzuwirken**. Bei ihm lautet die Botschaft nach zweihundert Jahren Naturlyrik allerdings, dass die ausschließliche Beschäftigung mit der immer gleichen Jahreszeitenthematik in der aktuellen Situation bedeuten würde, das menschliche Elend zu ignorieren. Mit dieser Ignoranz ist eine **moralische Schuld** verbunden, es ist „fast ein Verbrechen“, angesichts der „finsteren“ politischen Verhältnisse immer nur die Natur beschreiben zu wollen. Das Entsetzen des Autors gilt auch hier den Verhältnissen, den Zeiten, in denen es kein „Gespräch über Bäume“ mehr und deshalb auch keine schöne Lyrik geben kann. Dies bedeutet aber **keine generelle Missachtung von Naturlyrik**. Brechts Verse provozierten die „nachgeborenen“ deutschsprachigen Autoren seit den 60er-Jahren, die es ganz auf die Thematisierung der politischen und gesellschaftlichen Wirklichkeit abgesehen hatten.

Das politische Gespräch über Bäume bei Erich Fried

Einer der ersten, der dem Zeitgeist entsprechend Politik und Lyrik miteinander zu verbinden versuchte, war der Österreicher Erich Fried (1921–1988).

Sein Gedicht *Gespräch über Bäume* überträgt die ursprünglich auf Hitler bezogene Fragestellung Brechts aus dem dänischen Exil auf die in den 60er-Jahren aktuelle bundesdeutsche **Auseinandersetzung mit dem Vietnamkrieg**, an dem der NATO-Bündnispartner USA direkt beteiligt war.

ERICH FRIED

Gespräch über Bäume (1967)

Seit der Gärtner die Zweige gestutzt hat
sind meine Äpfel größer
Aber die Blätter des Birnbaums
sind krank. Sie rollen sich ein
In Vietnam sind die Bäume entlaubt

Meine Kinder sind alle gesund
Doch mein jüngerer Sohn macht mir Sorgen
er hat sich nicht eingelebt
in der neuen Schule
In Vietnam sind die Kinder tot

Mein Dach ist gut repariert
Man muss nur noch die Fensterrahmen
abtrennen und streichen. Die Feuerversicherungsprämie
ist wegen der steigenden Häuserpreise erhöht
In Vietnam sind die Häuser Ruinen

Was ist das für ein langweiliger Patron?
Wovon man auch redet
er kommt auf Vietnam zu sprechen!
Man muss einem Ruhe gönnen in dieser Welt:
In Vietnam haben viele schon Ruhe
Ihr gönnt sie ihnen[46]

Der Titel ist ein Zitat aus Brechts sprichwörtlicher Exildichtung. Es handelt sich bei diesem „Gespräch“ in Versform um **Rollenlyrik:** Ein Bürger, der titelgemäß mit einem Gespräch über seine Obstbäume beginnt, und ein Sprecher, der – mit Brecht – über Politik nicht schweigen und stattdessen die Gräuel des amerikanischen Vietnamkriegs benennen möchte, treten in einen **Dialog**. Jeder der beiden verkörpert hier einen Typus: Der Bürger stellt den **Biedermann dar**, **der nur an seine Alltagssorgen denkt**, während der **Sprecher** genau dieses Verhalten angesichts der verbrecherischen Wirklichkeit **moralisch verurteilt**. Der Bürger hat mit jeweils vier Verszeilen, die durch Enjambements zusammengehalten werden, durchweg einen größeren Redeanteil. Erst in der letzten Strophe geht er auf die kurzen Einwände des Sprechers überhaupt einmal ein. Der **mahnende Sprecher** greift jeweils das **vorgegebene Thema** auf und deutet es politisch um, indem er es **auf den Vietnamkrieg projiziert**. In der ersten Strophe kontert er das Naturgespräch mit dem Verweis auf die durch den Krieg verursachte ökologische Katastrophe. Den elterlichen Sorgen um das Kind wird in der zweiten Strophe mit dem Hinweis auf das Sterben unschuldiger Kinder in Vietnam begegnet. In der dritten Strophe steht den Problemen mit dem Eigenheim die Zerstörung der Lebensgrundlage der Zivilbevölkerung gegenüber und die ersehnte Schrebergartenruhe des Biedermannes wird in der letzten Strophe mit der durch den Krieg verursachten Friedhofsruhe kontrastiert.

Formal gesehen bringt der Sprecher durch die **parallele und schlichte Syntax** seiner Verseinschübe den jeweiligen Themenblock mit seinem Beitrag erst zum Abschluss. Er behält bis zum Schluss das letzte Wort, wobei er im letzten Vers aus dem Dialogschema ausbricht, indem er sich, die Einstellung des Biedermannes generalisierend, mit der Anrede „Ihr“ (V. 21) **an die Öffentlichkeit wendet**.

Das Brecht-Zitat ist also der Auslöser für ein Gedicht, das **politisch aufklären** will, indem es das allgemein verbreitete Sprechen über die kleinen Alltagssorgen als ein Schweigen über die Finsternis eines gegenwärtigen Kriegs entlarvt. Anders als bei Brecht gibt es hier zunächst kein mahnendes lyrisches Ich, sondern der **Leser wird zur Stellungnahme herausgefordert**, indem die scheinbare Harmlosigkeit eines Alltagsgesprächs ständig in einen politisch globalen Bezugsrahmen überführt wird. Erst im letzten Vers wird der Leser direkt angesprochen, sodass er erkennen muss, dass es trotz des fernen Kriegs auch für ihn **keinen politischen Freiraum** geben kann.

Gespräch über Bäume und Eigentumsverhältnisse bei Schütt

So verhält es sich auch in dem folgenden Gedicht des Autors Peter Schütt (geb. 1932), in dem es nicht mehr um Gefahren und Auswirkungen von Kriegen geht, sondern um traditionsreiche Eigentumsverhältnisse in der Bundesrepublik.

PETER SCHÜTT

Bundesrepublik

Was ist das für ein Land,
in dem ein Gespräch über Bäume
schon an die Wurzeln des Übels führt!
Die Eichen im Sachsenwald
schützen die Profitquellen
der Fürsten von Bismarck,
die Seen in Oberbayern
sind Privatschwimmbecken
des Baron von Finck,
und auf den Höhen
des mittleren Hessen
sagen sich die Wildhüter
des Freiherrn von Kühlmann-Stumm
gute Nacht![47]

Auch dieses Gedicht enthält ebenso wie Frieds Text **Warnung** und **Anklage**. **Angeprangert** werden der **Privatbesitz** und die private Nutzung von umfangreichen Naturreservaten, die einigen wenigen einflussreichen Honoratioren aus altem Adel gehören. Genannt werden Eichen, Seen und Mittelgebirge als Naturelemente von unbestimmter Allgemeinheit. Diese Naturelemente werden aber mit ganz konkreten geografischen Orten und den Namen ihrer herrschaftlichen Besitzer in Verbindung gebracht, sodass der Eindruck entsteht, als ob sich die **bundesdeutsche Landschaft in den Händen einiger weniger Privateigentümer** befände und der Öffentlichkeit nicht zugänglich sei. Und eben darin werden die „Wurzeln des Übels" (V. 3) gesehen, zu denen das „Gespräch über Bäume" (V. 2) ohne Umschweife führt. Hinzu kommt, dass die Eigentümer alle adliger Herkunft sind, ein Fingerzeig darauf, dass tradierte Besitzverhältnisse eines mittelalterlichen Feudalsystems in die moderne Demokratie hineinwirken. **Natur** ist bei Weitem **kein politik- oder wirtschaftsfreier Raum mehr**, sodass, sobald über Bäume gesprochen wird, auch Eigentumsverhältnisse thematisiert werden.

Naturliebe und Naturzerstörung

Privatisierung und Ausverkauf der Natur finden in einem Gedicht der späten 70er-Jahre von Ludwig Fels (geb. 1946) eine bemerkenswerte Zuspitzung und Aktualisierung:

LUDWIG FELS
Natur

Hierher, sagen mir Bekannte, bauen wir unser Häuschen.
Auf ihrem Grundstück grasen Kühe
und Blumen wachsen im Klee.
Hier ist noch alles so natürlich, sagen sie, die Luft
und der Wald, Hügel und Felder
hier werden wir wohnen …

Ohne euch
sage ich
würde es so bleiben.[48]

Ein typisch modernes Gedicht: Wie auch in den anderen Gedichten herrscht ein **prosaischer Ton** vor, die Verse sind frei, d. h. reimlos, von unterschiedlicher Länge und von unterschiedlichem Rhythmus. Vershaft ist die Form insofern, als jeder dritte Vers drei Hebungen besitzt und jeweils einen Satz zum Abschluss bringt. Es gibt eine erste Strophe, die aus sechs Versen als „Vordersatz" besteht, dann eine Pause und schließlich drei ganz kurze Verse als „Nachsatz" oder Pointe. Dahinter verbirgt sich die Form des Epigramms, eines Sinngedichts mit oft satirischem Inhalt und überraschender Schlusswendung. Die **lakonische Kürze** dieser Form ist ein beliebtes Stilmittel moderner Lyrik. Der **Ton ist sachlich und unemotional**, trotz der erheblichen ökologischen Tragweite des Themas.

Ein Widerspruch spiegelt sich in der **Zweiteiligkeit des Gedichts: Natur und Mensch** befinden sich **in einem Gegensatz**, denn es ist gerade der Wunsch der Individuen, sich einen Flecken unberührter Natur anzueignen, der die Natur allmählich zum Verschwinden bringt.

Die Leerzeile bildet einen wortlosen Drehpunkt hinüber zu der lakonischen **Pointe**, die eben diesen Widerspruch zwischen **Naturliebe und Naturzerstörung** zum Ausdruck bringt.

In dem Gedicht von Fels verbirgt sich hinter dem Titel *Natur* die Vernichtung letzter Landschaftsreste durch den **Bauboom der 70er-Jahre**, der dem Wunsch jedes einzelnen Bürgers nach dem Eigenheim im Grünen Rechnung tragen sollte.

Das Umweltgedicht der 70er-Jahre bei Hans Christoph Buch

In der Lyrik entstand in den 70er-Jahren ein neuer Ton, der weniger auf gesamtgesellschaftliche Strukturen gerichtet war, als vielmehr auf die einzelnen Subjekte. Das Naturgedicht der 70er-Jahre wurde zum Umweltgedicht, in dem sich die politische Stoßrichtung der Lyrik der 60er-Jahren auf die ökologische Debatte zuspitzte. Dafür symptomatisch ist auch das 1977 erschienene Buch mit dem Titel: *Thema: Natur/Oder: Warum ein Gespräch über Bäume heute kein Verbrechen mehr ist.* Der Herausgeber, Hans Christoph Buch, formuliert das Brecht-Zitat neu, indem er das „Gespräch über Bäume“ geradezu zur moralischen Pflicht erklärt:

HANS CHRISTOPH BUCH

Was ist geschehen?
Warum erscheint uns der Satz, dass ein Gespräch über Bäume
fast schon ein Verbrechen ist, heute fast schon selbst
verbrecherisch?
Weil es nicht mehr sicher ist, ob es in
hundert Jahren überhaupt noch Bäume
geben wird.[49]

Die Verse sind klar und so **nah an der Prosa**, dass es sich erübrigt, ihren Sinn weiter deuten zu wollen. **Umweltverschmutzung** und **Waldsterben** sind der reale Hintergrund dieser Befürchtungen für die Zukunft. Das Gespräch über Bäume bedeutet nun keine Verdrängung der Politik mehr; es ist selbst schon politisch, weil Waldsterben, Umweltschutz und nachhaltiges Wirtschaften ein **Politikum** sind, das alle angeht.

Bedrohte Natur und bedrohte Individualität in der DDR

Das folgende Beispiel von Reiner Kunze (geb. 1933) entstand noch in den 60er-Jahren und steht nicht nur für die bedrohte Natur, sondern auch für die psychische Verfassung der regimekritischen Schriftsteller in der DDR:

REINER KUNZE
Sensible Wege

Sensibel

ist die erde über den quellen: kein baum darf
gefällt, keine wurzel
gerodet werden
Die quellen könnten
versiegen

Wie viele Bäume werden
gefällt, wie viele wurzeln
gerodet
in uns[50]

In diesem Gedicht geht es nur vordergründig um eine ökologische **Warnung vor der Zerstörung natürlicher Ressourcen**, auch wenn dieses Thema in der DDR bereits seit den 60er-Jahren aktuell war. Die Gefahr der Zerstörung wird nicht nur auf die natürlichen Ressourcen hin gesehen, sondern **doppeldeutig** auch auf die **seelische Verfassung des Menschen** bezogen. Die Doppeldeutigkeit des Themas wird schon im **Aufbau** deutlich: Das Gedicht stellt eine Ringkonstruktion um eine Mittelachse dar. Die **Mittelachse** „Die quellen könnten/versiegen" (V. 5 f.) teilt das Gedicht in zwei fast gleiche Hälften. Nicht nur vor dem Entzug der natürlichen Lebensgrundlagen wird gewarnt, sondern auch vor einer Unterdrückung der kritischen Stimmen in der DDR. Die Ringstruktur wird auch durch die anaphorischen Wortwiederholungen realisiert (V. 3, 4 und V. 8, 9;

Wiederholung einzelner Wörter auch in V. 2 und 5). In der zweiten Gedichthälfte wird die **Zerstörung der Natur als ein psychischer Vorgang** dargestellt. Der Sensibilität der Erde im ersten Kurzvers entspricht am Ende des Gedichts die Sensibilität des menschlichen Subjekts, die über das Paar der gemeinsamen Mittelverse (vgl. V. 5 f.) mit der Sensibilität der Erde verbunden ist. Die gefällten Bäume und gerodeten Wurzeln verweisen auf die **Gefahr des völligen Verstummens** und des Versiegens von Ideen, Utopien und Wünschen in einem **restriktiven Staatsapparat**.

Die kürzer werdenden Zeilen und die Leerzeile vor dem letzten Vers führen das allmähliche Verstummen und das Versiegen der Quellen auch sprachlich vor. Die **epigrammatische Knappheit** und Kürze mit der **pointierten Schlusszeile** ist ein typisches Strukturmerkmal moderner Lyrik. Erst am Ende offenbart sich hier also die eigentliche Bedeutung des Gesagten.

Gespräch über Bäume: Variationen eines Themas

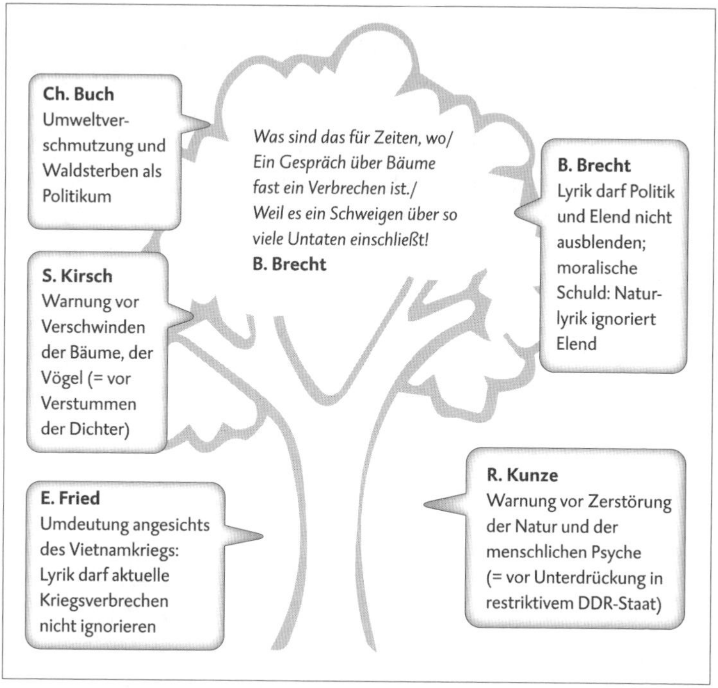

Ein zukunftsweisendes Gespräch über Bäume bei Sarah Kirsch

Sarah Kirsch (1935–2013), die 1976 aus der SED und dem Schriftstellerverband der DDR ausgeschlossen wurde, schrieb dieses Gedicht nach ihrer Übersiedlung aus der DDR auf ihrem Landsitz im bundesdeutschen Schleswig-Holstein. Ein Großteil ihres Werks besteht aus Natur- und Liebeslyrik. Sie gilt als eine Erneuerin der Naturlyrik, die die naturlyrische Tradition sehr gut kannte. Sarah Kirsch entzaubert die Natur, indem sie diese mit gesellschaftlichen Problemen verknüpft.

Aus ihrem Gedichtband *Katzenleben* stammt das folgende Gedicht:

SARAH KIRSCH

Bäume (1984)

Früher sollen sie
Wälder gebildet haben und Vögel
Auch Libellen genannt kleine
Huhnähnliche Wesen die zu
singen vermochten schauten herab.[51]

Auch dies ist ein **Gespräch über Bäume**, das von **ihrem Verschwinden** handelt und es ist zugleich ein Musterexemplar moderner Lyrik.

Lakonische Kürze sowie die Angleichung an die **Alltagsprosa** sind Merkmale des Textes, der aus zwei gleich geordneten Sätzen in fünf freien Versen von etwa gleicher Länge besteht.

Eine wesentliche Abweichung des poetischen von einem nicht-poetischen Text entsteht hauptsächlich durch die Zeilenbrechung, die einzelne Wörter und Wendungen besonders hervorhebt. Die Wortwahl ist der Prosasprache angeglichen. Das Gedicht enthält keine besonderen poetischen Ausdrücke. Umständlich und ungebräuchlich allerdings ist die Wendung, dass „Wälder gebildet" (V. 2) werden, ebenso wie die Umschreibung der Vögel als „Libellen" (V. 3). Äußerst knapp gehalten ist besonders der Satz über die **Bäume**. Sie werden abgesehen vom Titel **gar nicht mehr genannt**, nur das Personalpronomen im ersten Vers verweist noch auf den Titel. Der Sprecher des Gedichts knüpft hier offenbar unmittelbar an das ununterbrochene Gespräch über Bäume an, das in den 80er-Jahren, der Entstehungszeit dieses Gedichts, in die öffentliche Besorgnis um **Waldsterben und Luftverschmutzung** einmündete.

Daher hat sich das Baumthema mit diesem kurzen Aufriss schnell erledigt und es geht in den folgenden drei Versen nur um die Singvögel, die Bewohner der Bäume. In diesem Abschnitt ist die komplexere, nebenordnende Syntax nahezu identisch mit der üblichen Alltagsprosa. Sie wird im Gedicht aber durch fehlende Satzzeichen und durch die Versfügung durchkreuzt und verschleiert. Dadurch wird die schon inhaltlich **befremdliche und komische Wirkung** verstärkt, ebenso wie durch die unpassenden Definitionen und Charakterisierungen („Vögel/Auch Libellen genannt", V. 2 f.; „Huhnähnliche Wesen", V. 4).

Identisch geblieben mit der Alltagsprosa ist auch der Erzählton des Gedichts. Ein ungenanntes lyrisches Ich berichtet hier von einem **fiktiven Standort in der Zukunft** aus, in dem die **Erinnerung an Bäume und Wälder offenkundig** allgemein **verblasst** ist. Dem lyrischen Sprecher fehlt die Naturerfahrung, er scheint sich nicht mehr so gut auszukennen, wie seine misslungenen Umschreibungen zeigen. Das lässt aber auch die Formulierung des Anfangs erkennen, wo es heißt, die Bäume „sollen [...]/Wälder gebildet haben"(V. 1 f.), so als bestünde eine allgemeine Unsicherheit, ob dieses Urteil auch zutreffend sei.

Die **sprachliche Verknappung** spiegelt anschaulich das **Schwinden der Natur** und nicht nur das: Es geht hier auch indirekt um die lyrische Rede selbst. Denn das eigentliche Thema des Gedichts ist ja nicht nur die lückenhafte Erinnerung an die entschwundenen Wälder und Bäume, sondern es sind auch die fragwürdigen und lächerlichen Kenntnisse über die Singvögel und den mit ihnen verschwundenen Gesang. Mit dem **Requisit des Vogelsangs** ist aber in der naturlyrischen Tradition oft die **Sprache des Herzens und der Dichtung** verknüpft, die sich bei solch lückenhafter Erinnerung kaum entfalten kann. Darüber hinaus ist das Element des Vogels wesentlich der **Flug**, der Aufschwung, die **Freiheit der Lüfte** sowie die Verbindung zum Himmel als einem Symbol des Übersinnlichen. Solche Kontexte, die für die Naturlyrik immer schon bedeutsam waren, sind dem desorientierten Sprecher bei Sarah Kirsch völlig fremd, bei dem die Vögel „herabschauen" statt zu fliegen.

Dass der Vogelsang, uraltes **Symbol für die Dichtung**, in der fiktiven Zukunft des lyrischen Sprechers bei Sarah Kirsch zu einer fast vergessenen Geschichte gehört, müsste den Leser des Gedichts zumindest nachdenklich stimmen. Der Kreis zu Brecht schließt sich hier, der eine wohlklingende Sprache der Lyrik an bestimmte historische Voraussetzungen geknüpft wissen wollte.

Zentrale Merkmale der Naturlyrik der 60er- bis 80er-Jahre

- Öffnung der Naturlyrik für die gesellschaftlich-politische Realität
- Entstehung eines fortlaufenden „Gesprächs über Bäume" als politisch-ökologische Variation von Bertolt Brechts berühmten Versen
- moralische Erforderlichkeit des lyrischen Gesprächs über Natur
- Aufkommen subjektivistischer Aspekte: Blick auf innere, seelische Zerstörungen; Parallelen zwischen Zerstörungen von Natur und menschlichen Entfaltungsmöglichkeiten
- Thematisierung des menschlichen Bewusstseins von der Natur
- Politisierung der Lyrik: neue Aktualität von Naturlyrik durch ökologische Krisensituation, Waldsterben o. ä.
- prosahaft anmutende Sprache
- lakonischer Ton, epigrammatische Knappheit, Schlusspointe

Naturlyrik im 20. Jahrhundert: Themen, Formen, Ideen, Namen

Strömungen/ Epochen	Naturbegriff/ Themen	Bevorzugte Formen	Autoren
Jahrhundertwende/Fin de siècle: Jugendstil, Impressionismus, Symbolismus, Ästhetizismus (ca. 1890–1910)	Gärten und Parklandschaften, Kunstparadiese, Seelenwelten, Endzeitstimmung	Sonett, ungewöhnliche Reime, freie Rhythmen	Hugo von Hofmannsthal, Rainer Maria Rilke, Stefan George
Expressionismus (1910–1925) Neue Sachlichkeit (1920–1933)	Weltende, Weltschmerz, Verfall und Klage, Sinnkrise, Natur und Politik, Großstadt	Zeilenstil, Parataxe, Isolation des Einzelworts, Bilderkumulation, Lehrgedicht	Alfred Lichtenstein, Georg Trakl, Gottfried Benn, Bertolt Brecht, Erich Kästner
Naturlyrik im Exil (1933–1945) und nach dem Zweiten Weltkrieg	Natur als Idylle und Zufluchtsort, Naturmystik und Mythen, Naturmagie, Heilung durch Natur, Natur und Geschichte, Bedrohung und Hoffnung, Schuldige Landschaft	Reim; freie, aber strenge Bauformen; Chiffren, absolute Metaphern, hermetischer und ungewohnter Wortgebrauch, traditionelle Formen	Oskar Loerke, Karl Krolow, Elisabeth Langgässer, Günter Eich, Bertolt Brecht, Ingeborg Bachmann, Paul Celan, Georg Britting, Wilhelm Lehmann, Werner Bergengruen
Naturlyrik in der DDR (seit 1949)	Natur und Gesellschaft, Ökologie, subtile Regimekritik	Lehrdichtung, Elegie, Reimlosigkeit, Prosasprache, freie Formen	Peter Huchel, Bertolt Brecht, Reiner Kunze, Sarah Kirsch, Günter Kunert, Johannes Bobrowski
Naturlyrik in der BRD 1960–1989	Waldsterben, atomare Bedrohung, Apokalypse, Gesellschaft und Politik, Umweltzerstörung, Selbstzerstörung, Subjektivität	Zitat, Montage, Parodie, Wortspiel, epigrammatische Kürze, freie Verse	Hans Magnus Enzensberger, Erich Fried, Sarah Kirsch, Marie Luise Kaschnitz, Ulla Hahn, Peter Schütt, Ludwig Fels, Jürgen Becker

Ausblick in das 21. Jahrhundert – Themen und Tendenzen

„Nature is not a place to visit, it is home.“[52]

Dies schrieb der 1930 geborene amerikanische Schriftsteller und Umweltaktivist Gary Snyder. Natur ist kein Schauplatz für Touristen, auf der Suche nach ihren letzten Reservaten, sondern sie ist unsere Existenzgrundlage. Tatsache ist, dass wir die Natur heutzutage ausschließlich funktional sehen, sei es als Schutt- und Abladeplatz für Zivilisationsmüll, sei es als Spekulationsobjekt oder als Erlebnis- und Erholungsraum. Einzig in der Lyrik wird die Natur in ihrem Eigenwert frei von äußeren Zweckbestimmungen für den Menschen anerkannt. Deshalb könnte die Lyrik zur Rettung der Erde beitragen. Ist für die deutsche Lyrik des gerade angebrochenen, neuen Jahrtausends dieses Thema überhaupt relevant? Womit beschäftigen sich Naturlyriker des 21. Jahrhunderts und wer gehört überhaupt dazu?

Für die Naturlyrik des 21. Jahrhunderts stehen Namen wie Dorothea Grünzweig, Wulf Kirsten, Reiner Kunze, Sarah Kirsch, Uwe Kolbe, Günter Kunert und Michael Krüger. Die Reihe wird erweitert durch jüngere Autoren wie Nora Bossong, Durs Grünbein (Büchner-Preisträger 1995), Jan Volker Röhnert, Jan Wagner (Preisträger des Leipziger Buchpreises 2015) und Marion Poschmann (Leipziger Buchpreis 2016).

Natur ist auch gegenwärtig eine bedeutende Kategorie in der Lyrik. Und sie hat sich im Laufe der Jahrhunderte ihren Raum als **universale Chiffre für alle Bereiche des Subjektiven sowie für Sprache und Kunst** erobert. Auch der Diskurs über gesellschaftlich bedingte Veränderungen und Szenarien der Naturbedrohung hat nicht an Aktualität verloren.

Für einen Paradigmenwechsel in der Naturlyrik seit den 90er-Jahren steht der Autor **Durs Grünbein**. Mit seinem Konzept einer „**biologischen Poesie**" versucht er, Erkenntnisse der Naturwissenschaft, der Hirnforschung und der Neurobiologie in seine Lyrik aufzunehmen. Der Blick in die komplexen Strukturen des menschlichen Gehirns und die Stellung des Menschen in der Evolution sind seine Themen. Seine Gedichte sind komplexe Sprachgebilde, die von Reflexionen, Augenblickseindrücken und unterschiedlichen Perspektiven bestimmt werden.

Beispielhaft für die Konzentration auf das Unspektakuläre, für Detailgenauigkeit und minutiöse Beobachtung ist **Jan Wagner** mit seinen *Regentonnenvariationen*, erschienen 2015. Dort wirft er einen poetischen Blick auf scheinbar unbedeutende Natur. **Detailwahrnehmungen** und **Blicke auf kleinste Naturelemente** können überhaupt als Kennzeichen der Gegenwartslyrik angesehen werden. Wie im Klappentext der *Regentonnenvariationen* formuliert wird, „zoomt" Jan Wagner „ganz nah ran, überblendet assoziativ, bis der Blick sich weitet und sich das beglückende Gefühl einstellt, für einen Augenblick zum Wesen der Dinge vorgedrungen zu sein".

Diese Formulierung deutet auf ein weiteres Merkmal der Gegenwartslyrik hin: Unsere Vorstellung von der äußeren Wirklichkeit wird überwiegend von unseren Denkmustern, aber auch von unserer **medialen Wahrnehmung** bestimmt. Die Autoren wenden sich diesen Denkstrukturen zu, die sie kritisch und distanziert reflektieren.

Auch ohne medialen Kontext ist die Perspektive der Wahrnehmung bedeutsam: „Im Wasser/stehen die Berge Kopf/Hast du den Himmel/unter dem Fuß"[53].Die Selbstverständlichkeit dessen, was in der Welt als oben und unten anzusehen ist, wird aufgehoben. Diese **Unsicherheit** greift auch auf das lyrische Subjekt über, da ein geschlossener Wahrnehmungs- oder Denkzusammenhang teilweise nicht mehr gegeben ist.

Am Anfang des 21. Jahrhunderts, das durch Informationstechnologie und moderne Naturwissenschaft geprägt ist, zeigt sich die Tendenz zu einer stark **reflektierenden, mehr intellektuell als emotional geprägten Dichtung**. Analog zur gesteigerten Präzisionsschärfe in der medialen Welt geht auch der poetische Blick der Autoren **immer tiefer ins Detail**. Der Bezug zur rational geprägten Naturbeschreibung in der Naturlyrik des 18. Jahrhunderts ist nicht zu übersehen. Und auch die **Trennung des Menschen von der Natur**, die immer wieder als schmerzlich empfunden wurde, ist neben der bedrohlicher werdenden **Naturzerstörung** ein bleibendes Thema.

Die Natur im Gedicht der Gegenwart stellt aber auch weiterhin einen **Freiraum und Ort glückhafter Momente** dar, sie ist widerständig gegen die Zivilisation mit ihren Zwängen und äußeren Zwecken. Und sie ist **Existenzgrundlage des Menschen**, der sich selbst als Natur begreift. So wird auch die Sprache der Poesie selbst als Freiraum und Existenzgrund verstanden.

Zentrale Tendenzen der Naturlyrik der Gegenwart

Inhaltlich

- Einbettung der Natur in einen großstädtischen Kontext
- freier Fluss von Assoziationen, Erinnerungen, Reflexionen
- plötzliches Aufblitzen und Fallenlassen von Themen, Verzicht auf klare Gliederungen
- Reflexion über Sprache und Kunst
- Verfließen der Grenzen von lyrischem Ich und gegenständlicher Welt

Formal

- Prosanähe der Sprache
- parataktischer Satzbau
- Stil des inneren Monologs
- Verzicht auf klare Satzanfänge und -enden sowie auf Interpunktion
- Spiel mit Sprache, Neologismen
- keine Übereinstimmung von gedanklichen Zäsuren mit Vers-/Strophengrenzen

Literaturhinweise

Gedichtsammlungen

BODE, DIETRICH (Hrsg.): *Deutsche Naturlyrik, eine Auswahl*, Reclam, Stuttgart 2012

GNÜG, HILTRUD (Hrsg.): *Gespräch über Bäume: Moderne deutsche Naturlyrik*, Reclam, Stuttgart 2013

KLEẞMANN, ECKART (Hrsg.): *Die vier Jahreszeiten: Gedichte*, Reclam, Stuttgart 2010

Interpretationen

GNÜG, HILTRUD (Hrsg.): *Interpretationen: Moderne deutsche Naturlyrik*, Reclam, Stuttgart 2016

KITTSTEIN, ULRICH: *Deutsche Naturlyrik: Ihre Geschichte in Einzelanalysen*, WBG (Wissenschaftliche Buchgesellschaft), Würzburg 2007

KORTE, HERMANN: *Deutschsprachige Lyrik seit 1945*, J. B. Metzler Verlag, Stuttgart/Weimar 2004

Anmerkungen

1 G. Ch. Lichtenberg, Aphorismen, Stuttgart 1953, S. 124
2 A. Silesius, Der Cherubinische Wandersman, Stuttgart 1984, S. 191
3 B. H. Brockes, Irdisches Vergnügen in Gott, I, Hamburg 1721, S. 73
4 In: Deutsche Dichtung im 18. Jahrhundert, Hg. von A. Elschenbroich, München 1960, S. 5
5 In: Deutsche Naturlyrik. Hg. v. J. u. W. Grimm, Stuttgart 1995, S. 85 ff.
6 F. G. Klopstock, Die Frülingsfeier, in: A. Elschenbroich, a.a.O., S. 288
7 In: R. Pascal, Der Sturm und Drang, Stuttgart 1977, S. 170
8 Deutsche Naturlyrik, a.a.O., S. 149 f.
9 F. Schiller, Werke in drei Bänden, Bd. II, München 1966, S. 729
10 Schiller, ebenda, S. 723
11 In: Gedichte mit Kunstwerken ihrer Zeit, München 2012, S.55
12 Vgl. Deutsche Naturlyrik, a.a.O., S. 179
13 F. Schiller, Gedichte, Stuttgart 1980, S. 108
14 Schiller, ebenda, S. 110
15 J.W.v.Goethe, Gedichte, Stuttgart 1967, S. 73
16 In: Geschichte der deutschen Lyrik, hg. von W. Hinderer, Stuttgart 1983, S. 259
17 In: Deutsche Naturlyrik, a.a.O., S. 211 f.
18 In: Texte deutscher Lieder, hg. von D. Fischer-Dieskau, München 1992, S. 293
19 In: Gedichte, Romantik – Expressionismus – Gegenwart, mit Materialien, hg. von W. Große, Stuttgart 2015, S. 140
20 In: Das deutsche Gedicht, hg. von E. Hederer, Frankfurt 1995, S. 309
21 In: W. Killy, Wandlungen des lyrischen Bildes, Göttingen 1971 (6. Aufl.), S. 91
22 Friedrich Rückerts gesammelte poetische Werke in zwölf Bänden, Band II, S. 508
23 In: Deutsche Naturlyrik, a.a.O., S. 233 f.
24 In: Killy, Wandlungen, a.a.O., S. 115
25 In: Deutsche Naturlyrik, a.a.O., S. 227 f.
26 In: Gattungsgeschichte deutschsprachiger Dichtung, II c: Lyrik, hg. von I. Braak, Kiel 1981, S.52
27 In: Das deutsche Gedicht, Frankfurt 1995, S. 371
28 In: Deutsche Naturlyrik, a.a.O., S. 239
29 In: Deutsche Naturlyrik, a.a.O., S. 249
30 In: G. von Wilpert: Sachwörterbuch der Literatur, „Naturalismus“, Stuttgart 1969, S. 514

31 In: Gattungsgeschichte deutschsprachiger Dichtung, a.a.O., S. 103
32 Blätter für die Kunst (1892), zit. nach: Lawrence Ryan, Jahrhundertwende, in: Geschichte der deutschen Lyrik, a.a.O., S. 393
33 S. George, Werke. Ausgabe in vier Bänden; Band I, München 1983, S. 49
34 Hofmannsthal, Die Gedichte 1891–1898, S. 50. Die digitale Bibliothek der deutschen Lyrik, S. 34 831 (vgl. Hofmannsthal-GW GuD1, S. 122)]
35 G. Benn, Lyrik des expressionistischen Jahrzehnts: Von den Wegbereitern bis zum Dadaismus, Wiesbaden: Limes-Verlag 1974
36 K. Pinthus, Die Überfülle des Erlebens, In: Querschnitt durch die Berliner Illustrierte, München 1965
37 In: Menschheitsdämmerung, hg. von K. Pinthus, Berlin 1961, S. 63
38 http://www.deutscheakademie.de/de/auszeichnungen/georg-buechner-preis/guenter-eich/dankrede
39 G. Britting, Sämtliche Werke, Band 5: Unter hohen Bäumen: Gedichte, hg. v. Ingeborg Schuldt-Britting, © Georg-Britting-Stiftung
40 P. Huchel, Gesammelte Werke in 2 Bänden, Band 1: Die Gedichte, Hg. von Axel Vieregg, Frankfurt am Main: Suhrkamp Verlag 1984
41 H. Korte, Lyrik von 1945 bis zur Gegenwart, München 2000, S. 35
42 B. Brecht, Werke: Große kommentierte Berliner und Frankfurter Ausgabe, Band 14, Gedichte 4. Hg. von Werner Hecht, Jan Knopf u. a. © Frankfurt am Main: Suhrkamp Verlag 1993, S. 432
43 I. Bachmann, Werke. Band 1. Gedichte, hg. von Christine Koschel, München: Piper 1978
44 H. Korte, Lyrik von 1945 bis zur Gegenwart, a.a.O., S. 73
45 B. Brecht, An die Nachgeborenen, In: Bertolt Brecht: Werke: Große kommentierte Berliner und Frankfurter Ausgabe, Band 12, Gedichte 2. Hg. von Werner Hecht, Werner Mittenzwei u. a. © Frankfurt am Main: Suhrkamp Verlag 1993
46 E. Fried, Anfechtungen, Berlin: © Verlag Klaus Wagenbach 1967
47 Gespräch über Bäume: Moderne deutsche Naturlyrik, hg. von H. Gnüg, Stuttgart: Reclam 2013, S. 110
48 L. Fels, Ernüchterung: Gedichte, München: Verlag Klaus G. Renner 1975
49 H. Ch. Buch, Tintenfisch: Jahrbuch für Literatur, Nr. 12. Berlin: Verlag Klaus Wagenbach 1977
50 R. Kunze, Sensible Wege, Achtundvierzig Gedichte und ein Zyklus, Reinbek: Rowohlt 1976
51 S. Kirsch, Katzenleben: Gedichte, Stuttgart: Deutsche Verlagsanstalt 1984
52 G. Snyder, The Practice of the Wild, Berkeley 1990, S. 7
53 J. V. Röhnert, Wolkenformeln, Frankfurt 2014, S. 124